悠木碧的製作方法

悠木碧的製作方法 目錄

事業篇

推業篇

悠木碧的製作方法

前言

初次見面的讀者，以及不是初次見面讀者，你們好！我是悠木碧。

我是一名聲優，工作內容是為動畫、遊戲、電影等畫面中的角色演繹聲音。雖說如此，這本書裡卻完全沒有用聲音呈現的部分。我居然只能用文章來講述自己的事！

一開始我有點猶豫不決。不過，其實我本來就很喜歡寫作。

雖然沒有到小學、國中、高中都最喜歡國文課的地步，但是我的作文成績還不錯，甚至還寫過原創小說（黑歷史）！讀大學的時候，在以論文評分的課堂上也拿到了不錯的成績！長大之後也……每天發推特？現在姑且還是個漫畫的原作，每個月都要交腳本！更重要的是，我的工作每天都會接觸到專家寫的文章！我現在正在這樣鼓舞自己寫作。（笑）啊，我雖然這樣說，但絕對不是被逼的喔！硬要說的話，可能是我的好奇心驅使著我。

每次發現新事物，我就會忍不住跳進去，活了三十年，我知道這就是自己身為「奇獸」的習性，已經無奈地接受了。無論何時、做了什麼，都是自作自受。因為這是我自己選擇的。

開玩笑的啦，雖然像這樣高舉著理想大旗，但因為恐懼而隨波逐流，因為揣摩上意而嘗到苦頭，這些事我也沒少經歷。這就是我這種奇獸的生態圖鑑。

由於開篇就像這樣，所以希望各位能帶著寬大包容、如地球母親般平穩的心情閱讀下去。

不過呢，我有個藉口要說，我之所以會成長為一個無法抵抗好奇心的孩子，不全是我的問題。

我從小就在當兒童演員，當時的我很不喜歡上表演課，所以從來沒上過正式的課程。

於是兒童演員經紀公司的經紀人對我說：

「既然妳不喜歡上表演課，那就每天觀察自己。」

還要我「多體驗各種事情」。因為我真的超級不想去上課，所以我開始觀察自己。

這件事非常好玩。

不會有人叫我模仿小貓小狗，不會有人叫我在五秒內哭出來，不用跟個性強勢的陌生孩子一起做團體體操，也不用大聲打招呼。只要做在鏡子前面，一直盯著自己看就好了。然後開始深入思考，自己現在為什麼快樂、為什麼悲傷、為什麼生氣。

結果我發現自己的內心深處是個懶惰又沒用的孩子，不過如果不承認「這就是我」，就沒辦法邁出下一步。而且如果順從自己的心，就算失敗，自己也能接受。說起來，我根本不會覺得那是失敗。

我的演技訓練，真的就只有持續這麼做而已。「多體驗各種事情」這個功課，只要活著就可以完成。小時候就算不用特別尋找，到處都能遇到陌生的事情和初次體驗的事情，而我總是毫不猶豫地一頭栽進去。

俗話說：「三歲定終身。」長大成人以後，我依然改不掉這個觀察自己的習慣。

每天、每小時、每分每秒，我都在追尋自己情緒的核心，並依此行動。我找到的東西，不只是那稱不上美麗的真實內心，也不純粹是意外醜陋的自己。雖說如此，「多體驗各種事情」的部分，也慢慢變得必須積極去尋找才有辦法做到了。

我還想在演戲方面繼續深造。因此當內心的指南針指向新事物的時候，不管有沒有風險或報酬，我都一定要去試試看。

小時候，我的關注重點都在於鞏固自我的事情，比如自己身邊的事物、與自己有關的事物、自己未來想成為什麼等等，最近則延伸出去，開始對應用性的東西產生興趣。

其中之一就是寫作。我們聲優是用聲音來演戲，而在配音之前，當然還有撰寫腳本和劇本的人，這些寫作專家的工作。

雖然這部分和身為聲優的我沒有直接關係，但是遊玩過各種角色後，才會更理解自己的職業，這是《FF XIV》（*Final Fantasy XIV*）教我的道理。完全聽不懂這個比喻的你！《FF XIV》是一款非常好玩的遊戲，請務必去玩玩看！

離題了，讓我們回到正題。

當然，我清楚知道散文和腳本不大一樣，但若是能稍微理解自己負責部分以外的辛苦和有趣之處，應該能讓演技變得更豐富吧？我抱著這樣的心情開始寫作。

我想寫作的原因還有一個。

就這次而言，這可能是最主要的原因。

我每個月都會收到很多為我加油打氣的信，我對此非常感激。這些溫暖的信是我每天的活力來源，沮喪的時候我就會重新讀一讀大家寫給我的信，提高自我肯定感，繼續挑戰明天的工作。

在這些我心愛的信件當中，有很大一部分都提到了「我也想成為聲優！」這件事。無論收到什麼樣的信我都很開心，不過受人崇拜這件事會令我感到有點害羞，所以印象特別深刻。請讓我出一份力吧！

其實，我很想拜訪每一個人的家，陪大家一起思考如何說服家長，一起擬定徵選的策略，一起製作超棒的試音樣本。然後在未來某一天，一起站在麥克風前面！但如果把時間全都花在做這件事情上，我就不會是受到大家崇拜的那個我了。

於是我不斷思考，能不能在維持自己生活的同時，以某種形式提供幫助，最後想到，透過散文寫出自己在成為聲優之前以及成為聲優之後的經歷，似乎是個不錯的方法?!

不好意思，雖然我這麼說，這本書裡卻完全沒有提到任何技巧和訣竅。

不過，如果兒童演員經紀公司的經紀人說的是對的，觀察人類應該就是培養演技的最佳養分。而我覺得他說的沒錯。

這本書就是我對自己的觀察資料。

一個人是想著這些事情、經過這樣的成長過程，才走到今天的。

這好像可以成為一個人生樣本……對吧？至少，當你要飾演一個宅氣十足、說話很快的嬌小女性角色的時候，這會很有幫助。

其實，就算不是聲優，觀察人類也很有幫助。一天到晚繞遠路的我可以打包票保證，絕對不會錯！你可以試著了解我自己琢磨出來的觀察方法，也可以把我當成觀察對象。我認為去了解某個人走過的人生道路，就等於是去了解前人是如何栽培人才的。無論是成功，還是失敗。

人生沒有攻略網站，而且沒有記錄點，是世界上最困難的遊戲。不僅如此，還會突然出現超級重要的分歧選項，思考要選哪個選項的時間又長短不一，真結局也會根據你在哪個時間點習得什麼技能而改變。說到底，我們甚至不清楚自己是否走在通往真結局的路線上。

咦，這裡寫的不過只是你走過的其中一條路線吧？我又不一定會跟你走同一條路線，哼！大家可能會這麼想。其實我也知道自己走的是相當刁鑽的路線。

不過呢，我覺得自己大約在兩、三年前，學會了即使遇到非常糟糕的情況也通常都能找到解決辦法的思考方式。

使用這種方法需要技能：「人類觀察」……

順帶一提，在人類觀察之前還有技能：「自我觀察」。也就是在開頭提過的，思考自己現在是不是感到生氣、是不是感到悲傷、是不是感到快樂、是不是感到開心、是不是感到羞恥，以及其原因的技能。

其實我認為這是最重要的部分。說到底，不管用什麼方式去觀察誰，最後下判斷的都是自己，所以對方真正的想法並不是重點，自己認為對方這麼想的理由，才能讓我們找出明確的答案。

正確分析別人的想法以及驗證答案都是相當困難的，不過我們可以確實得知自己是因為處在什麼狀態下才得出這個答案的，對吧？

我認為世界上唯一可以理解的真實，就是自己的心。

這本書的讀者之中，也許有些人年紀比我大很多，經歷過更多大人世界的酸甜苦辣。

對這些人而言，三十歲左右的我在這裡高談闊論人生的重要事物，簡直是可笑至極吧。這部分就……請大家多多包涵了。雖然我是一隻偶爾會說些刻薄話的奇獸，但應該沒有太大的危害。

對了！剛才雖然用遊戲來比喻各種事情，不過我絕對沒有把人生或生命當成遊戲。我會採用這種說法，只是覺得用這種比喻大家會比較容易理解！

該說是談論人生時的共同認知，還是講解事情時必不可少的基準？這種東西意外地難找呢。我現在有點理解，為什麼最近很多異世界轉生作品都以遊戲世界為基礎了。這麼一想，我的人生不就像是異世界轉生作品主角的長篇獨角戲嗎?!

不知道為什麼我開始覺得有點羞恥。

不行不行，自我分析又失控了！而且根本沒有分析出什麼嘛！

綜上所述，我決定試著寫寫看散文。

雖然沒有任何轉生的經驗，但是為了讓大家愉快地看完這篇相當冗長的獨角戲，我會努力的!!

事業篇

成長過程與家庭

來聊聊我的成長過程吧，順便回顧一下自己的過去。

大約三十年前，我在東京出生了。我是出生在東京的醫院，然後在千葉長大。

我對東京的印象是一個可以見到外公、外婆的超棒地方。爸爸這邊的爺爺、奶奶和叔叔都住在千葉，近親也大多都住在關東地區，所以親戚之間的交流還算多。爸爸很喜歡海，經常去衝浪。聽說媽媽常跟著喜歡大海的爸爸去九十九里濱。我父母的個性都非常外向陽光。聽說他們放假的時候會找一群朋友，去當時沒有禁止烤肉的海邊一起衝浪。我也有自己很小的時候去海邊的印象，家庭相簿裡面還有我穿著過大的橘色泳衣在沙灘上吃冰的照片，不過當時年紀太小，我已經不記得了。我跟這群海邊夥伴相處的時間比親戚還要多，有很長一段時間，我都以為他們是跟我有血緣關係的親戚。

據說因為爸爸喜歡大海，希望我的名字能留住大海的蔚藍，才為我取了「碧」這個名字。

當時這個字通常讀作「MIDORI」、「AO」，而不是「AOI」，因此我持續藝能活動好一段時間後，大家才開始能夠在初次見面時就讀對我的名字。

小時候我曾經對這個中性的名字感到自卑。在我讀幼兒園的時候，剛好出了一部叫《青蛙王子*》的動畫，主角是一個叫AOI的男孩，所以當時我在幼兒園一直被嘲笑名字像男生。

在寫這件事的此刻，我為了查詢作品的正式名稱等資料而搜尋《青蛙王子》，才發現飾演AOI的竟然是浪川大輔*先生！看到一起工作過的前輩名字出現在懷念的作品裡，真令人感動。

＊浪川大輔
聲優。代表作有《航海王》尤斯塔斯．基德、《魯邦三世》石川五右衛門、《只想告訴你》風早翔太等等。

＊青蛙王子
1995～1998年於《RIBON》上連載的漫畫。藤田鮪著。於1997年改編為動畫。

雖然有過這段過去，但是在經過某件事之後，我就徹底喜歡上自己名字的漢字、讀音和意義了。

其實，幼兒園的老師看到我因為名字被取笑而感到沮喪，便告訴我：「碧這個字裡面包含『王』、『白』、『石』，意思就是國王的白色寶石，妳的名字就像是鑽石一樣喔。」

小時候的記憶雖然都是模模糊糊的，但這件事情我還記得挺清楚。比如磚紅色的地面、像咖啡色蛾般的蝴蝶停在盛開的杜鵑花上、老師的眼鏡框有點掉漆，散發出七彩的光澤。

二十歲時出版的寫真集名稱《*Diamant fille**》，就是鑽石女孩的意思。第一個把我名字裡面那連父母都沒有設想到的美妙部分告訴我的人，就是那位老師，不知道老師現在過得好不好。

說到名字，我是在三月底出生的，幼兒園入學的時候，我跟四月出生的孩子差了將近一整年*。因為登入地球的時間比較短，我當時是個

***編按**：日本的學年從四月開始，所以三月生的學生為該學年之同屆最小。

***Diamant fille**
為了紀念二十歲生日，在2012年由Glide Media發行的週年寫真集。是悠木的第一本寫真集。

極為愚鈍的孩子。跑步最後一名，摺紙最後一名，吃便當也是最後一名。

四月出生的孩子在幼兒園入學的時候就會用平假名寫自己的名字，而我是入學後才開始學。然後我發現了一件事。あおい（AOI）這三個平假名超級難。「い」完全沒問題，「お」也還行，可是「あ」……為什麼會這麼複雜啊！我記得曾帶著這種想法跟自己的名字大眼瞪小眼。

現在想起來還是覺得，以小朋友第一個學習的平假名來說，這難度也太高了吧？不過，「あ」寫得好就會非常漂亮，所以我也能理解老師為什麼最希望我們練習這個字。還有，不覺得「あ」和「お」長得有點像嗎？雖然後來遇到「犬」、「太」或「休」、「体」這些更相似的字的時候，才發覺那不過是小兒科，但對當時登入人生才第四年的我來說，難度實在太高了。

話題跑遠了。雖然我比別人悠哉許多，但身邊的人都還挺包容我這悠哉的個性。

朋友會教我摺紙和畫著色畫，雖然沒辦法做到他們教的那種程度，但因為跟朋友在一起很開心，所以我小時候總是跟大家一起做這些事。有些朋友已經會摺紙鶴和手裏劍，但我總是固執地摺三角形，再提起兩端摺下，不停地生產這種簡易版的鬱金香。

我還會把大家不喜歡的黑色或咖啡色色紙揉成一團，用橘色色紙包住，作成橘子。「根本沒有摺嘛」，這句話現在的我已經吐槽過了，還請各位見諒。

當時我摺的橘子還挺受周遭小朋友的歡迎。在幼兒園，若沒有把所有顏色的色紙用完，就不會補充新的色紙。黑色和咖啡色要是一直沒用掉，顏色漂亮的色紙就永遠不會增加。於是我便構思出了這個把暗色系色紙當成餡料的作品（我記得是因為這樣）。我覺得這個成品還算不錯。

稍微換個話題，在幼兒園入學前到剛入學那段時間，我會對著鏡子說話。

其實，在開頭部分提到的兒童演員經紀人給我建議之前，我早就會自己對著鏡子說話了。

因為鏡子裡有著所謂的幻想朋友。不知不覺間他們走出了鏡子，進到我的腦海中。他們分別叫做啪嘰子、慕絲子和小噗，啪嘰子是有個一頭捲曲灰髮的女孩，小噗是一隻豬，長得就像《蠟筆小新》裡面的肥嘟嘟左衛門。慕絲子我沒什麼印象了，不過應該是負責吐槽的角色。

我們家很注重孩子的自主性（？），所以沒有人會阻止我光明正大地和幻想朋友聊天。甚至媽媽還問過我，那些孩子是怎麼樣的人。我們家客廳的桌子很矮，是直接把坐墊擺在地毯上的形式，因此我曾經為啪嘰子、慕絲子和小噗擺上各自的坐墊，五人一豬一起用過餐。這三個幻想朋友大概都是由我一個人扮演的。

奶奶就是看見我這個樣子，建議我進入演藝圈。過去我在訪談中都說「奶奶看到我在對著鏡子說話」，是因為幻想朋友不容易說明，而且也擔心有些人聽了覺得心裡毛毛的，所以才用比較婉轉的表達方式。

我打從心底感謝奶奶，她沒有覺得我很奇怪，而是認可了我的才能。

全家基本上都對我這個獨生女百般寵愛，只有媽媽因為太愛操心，所以比較嚴厲。為了寫這本書，我請媽媽告訴我一些我小時候的瘋狂事蹟，然後發現自己還真的挺會闖禍的。

她告訴我的第一件事，是我在幼兒園時爬上一棵很高的銀杏樹，然後下不來。因為當時有個四肢發達的男孩笑我是運動白痴。他爬上單槓，單腳站在單槓的立柱上，嘲笑我動作遲緩。我不甘心地想著要爬到比單槓更高的地方，於是用爬單槓的方式爬上旁邊的銀杏樹。小孩子的身體很輕盈，而且那棵銀杏樹的枝幹也很茂盛，應該很好爬吧。

雖說如此，爬上去的過程很順利，要下來的時候就……對當時的我來說，簡直就像懸崖峭壁，完全下不來。我在樹上嚎啕大哭，可是幼兒園沒有一個大人爬得上來，最後是媽媽抱著拚死的決心爬上銀杏樹的。

我媽媽現在雖然像卡比一樣渾圓可愛，但當時的她有在衝浪，肚子上還有腹肌，運動神經好得很。

順帶一提，我告訴媽媽我只記得自己爬上樹的部分，她便露出一副嫌棄的表情，我心想「有那麼誇張嗎？」

除此之外，聽說我還排隊等過蝴蝶。這是當時住在附近，跟我媽媽很要好的朋友告訴我的。她的興趣是園藝，庭院裡有一個DIY的露台，上面開滿了各式各樣的花。我經常用水管幫那些花澆水，而那時候有蝴蝶停在花朵上。雖說一定要遵守先後順序沒錯，但據說我就一直站在那裡等，直到蝴蝶飛走。

老實說，我對這件事一點印象也沒有，可是該怎麼說呢？這種事只是不會拿出來跟別人說而已，其實有很多。雖然我很遲鈍這一點仍然沒有改變，但我姑且是有自己的理由的。

舉例來說，換上運動服的時候，媽媽叫我不要拉扯布料，我忠實遵守著她的叮囑，於是動作就變得像慢速鏡頭一樣慢。因為人家叫我吃飯要仔細咀嚼再吞，而我非常仔細地咀嚼之後，吃飯時間就結束了。跑步的時候為了跑得快一點，過度在意手腳動作，反而變成同手同腳。

現在我還是經常因為想太多而適得其反。雖然我已經學會透過提升思考速度，或者根據經驗取捨該思考與不用思考的部分，運用符合社會規則的時間分配過日子，但是一個不注意，還是會開始漫無目的地思考各種事情，所以我設計了一個停止思考的暗號。

對了，自從我上幼兒園，交到許多現實朋友後，就再也沒看過幻想朋友們了。

不知道啪嘰子、慕絲子和小噗過得好不好？可能是因為最近看了多重宇宙的電影，我開始想像他們也許真的生活在鏡子的另一邊，是為了遲鈍到跟不上朋友腳步的我，而跑來找我玩的。

在那之後已經過了大約三十年，啪嘰子他們如果還活著，應該跟我差不多大吧？小噗雖然是豬，但希望牠還好好的……

順帶一提，聽說豬的壽命是十到十五年。意外地長壽呢！

兒童演員時期

接下來，我想聊聊兒童演員時期的事。

如同前述，我在奶奶的建議下加入了兒童演員經紀公司。雖說如此，但我們家從來沒有出過藝人，所以沒有人知道要怎麼讓小孩進入演藝圈。

後來我的奶奶鎖定了「長谷川佛壇」的電視廣告公開試鏡。由於全家人都相信我會成為藝人，所以我也這麼認為。我認為自己會成為好萊塢女星。

……我知道你們想說什麼。可是這有什麼辦法?!又沒有人知道進入演藝圈有多難！

於是我自信滿滿地前去應徵，然後一下子就被刷掉了。這也是當然的。那是個大規模播出的電視廣告，所以各地的優秀小朋友紛紛前來應徵。他們不僅外貌姣好，用字遣詞和舉手投足都相當完美，還擁有引人注目的才藝，堪稱超級兒童。

對此一無所知的我，穿著奶奶為我縫製的、我最喜歡的黃花圖案蕾絲洋裝，在才藝表演的環節把自己當成美少女戰士，演唱了整首《月光傳說》＊。

現在回想起來，就覺得唱完整首還真是可怕……聽說評審有對我說「可以了」，但我完全沒有印象。

最後當然是落選了，但我其實是在這裡被第一間經紀公司挖角的。經紀人後來才告訴我，是我當時自信滿滿地唱歌的膽量，以及相信自己就是美少女戰士的入戲程度，讓他們覺得我很適合當藝人。提高自我肯定感的教養方式出現了成效。

＊**譯註**：《月光傳說》為《美少女戰士》的主題曲。

加入經紀公司，上了體驗課程之後，我才知道有很多孩子都是從小就立志成為頂尖演員或藝人，因而來到這裡。

我非常不喜歡這堂課，因為常常需要兩人一組。對於一個中途加入的同學來說，要在班上那些已經訓練有素、耀眼奪目的少年少女之中找到搭檔，是非常痛苦的一件事。

雖然大家都很和善，會照顧我，避免我落單，但是這也讓我感到很痛苦。那是一種被人同情的屈辱感……！

因此我很少去上課。

幸好我待的是一間大型經紀公司，所以像我這樣的孩子也不少。公司裡有認真想成為藝人的孩子，也有抱著學才藝心態而來的孩子。值得感激的是，經紀人會一視同仁地給予每個孩子機會。

我參加了各式各樣的試鏡，時不時會入選，被帶去片場。

在片場，大人的人數遠比小朋友多。我在那裡第一次接觸到由大人所形成的社會。

在當時的我心中，大人就是像父母、老師、經紀人這些領導小朋友的人。但是我在片場見識到了大人之間的社群，例如領導大人的大人、被大人罵的大人等等。

大人通常都認為講話內容被小孩聽到沒關係，所以會大剌剌地當著小孩的面談論一些不能搬上檯面的事情。可是，小孩意外地聽得懂大人談論的內容。無論聽到多麼驚天動地的事情，我都會假裝沒聽到，默默吃著便當。去洗手間洗手時，我會一邊踮腳去構洗手台，一邊在心裡想著：（真的假的啊……）

不過，我聽到的也不全都是壞事。我也聽過資深工作人員開心地稱讚一名工作認真的年輕工作人員有多優秀；還有一名有點可怕的工作人員，他只會對交情好的同事秀恩愛，炫耀自己和老婆的甜蜜故事。

我看遍了形形色色的大人，多到我能夠篤定地說，大人和小孩是一樣的。大人也會想去做自己想做的事，和感情好的人一起玩會感到快樂，被罵會不開心，被稱讚會得意忘形。這是「人類觀察」這個技能在初期階段的一大收穫。

不只是大人，兒童演員之間當然也有交流。

來自全國各地、形形色色的孩子齊聚一堂，大家的年齡、性別、志向都各有不同。雖然偶爾會遇到承受著父母過度的期待，因而對周遭的人很不友善的小朋友，但是基本上，大家離開鏡頭時都是普通的小孩。

而與學校不同的是，不管個性是外向還是內向，是乖寶寶還是搗蛋鬼，大家都混在一起。

兒童演員的戲分不多，所以等待時間基本上都很長。由於大人總是很忙，小朋友們如果能自己打發時間，他們會比較開心。

如前所述，由於片場的小朋友很少，所以和在場的小朋友處得好會比較輕鬆，也有好處。透過兒童演員這個共通點，能夠與在學校不大會接觸的類型的小朋友聊天，這段時光令我獲益良多。

不過，能不能與這個小朋友再會，就看彼此的努力了。一期一會說來好聽，但有時候會讓我覺得這個業界很嚴苛。正因如此，當我見過同一個小朋友好幾次，自然而然就會對他產生戰友般的革命情感。我見過很多小朋友，有人還在業界奮鬥，也有人因為考試而放棄演藝活動，或因為家庭因素不得不退出。大家的個性都不同，不過都是好人。

稍微聊聊當時的工作內容好了。雖然大家都還是小朋友，但姑且也有擅長與不擅長領域。有些小朋友在電視劇、廣告、電影和舞台劇等各種領域都表現得很好。

不僅如此，就算籠統地說自己擅長電視劇，也會被追問是懸疑劇？愛情劇？還是醫療劇？說自己擅長廣告，也會被追問是食物？汽車？還是保險廣告？區分得挺細的。我認為要綜合考量演戲的氣質、做表情的方式以及在片場的言行舉止等種種因素，才能判斷出擅長領域。

我算是全方位的類型，我接過形形色色的工作，從電視劇、綜藝節目到廣告都有。不過，我從來沒有接過食物廣告。在兒童演員之中，食物廣告算是競爭特別激烈的類別。話說回來，兒童演員大多都是被選來飾演某個演員的孩提時代。可是在食物廣告中，主角通常都是小朋友本人。而且老實說，廣告案件的報酬相當豐厚。有傳聞說，只要接演一次，就能拿到超過爸爸年薪的報酬，摧毀家庭內的平衡。

因此，各家經紀公司都會派出明星級的小朋友參加試鏡。從小就勤勞地抹防曬，矯正牙齒，每週至少上兩堂演技課，學芭蕾、英語會話、鋼琴，連等待時間都一直在寫補習班的功課……像這樣的強者齊聚一堂。試鏡時的氣勢真的是截然不同。有好幾個小朋友在洗手間被媽媽嚴厲訓話。每當目睹這種場面，我和媽媽都會縮起身子，手足無措地回到等候室。

之後在電視上看到演出食物廣告的小朋友時，還請大家帶著「他們是現在兒童演員界的巨星！」的心情，為他們加油。

雖說如此，我眼中所見的已是二十五年前的情景。現在也許沒有當時那麼斯巴達了。偶爾會有兒童演員來到後期配音*的現場，大家看起

＊後期配音
After recording。為既有的影像進行後期配音。反之，在影像尚未完成時先進行配音的手法則稱為預先配音(prescoring)。

來都神采奕奕、自由自在。他們的言行舉止相當得體，不過還保留著稚氣，維持著絕妙的平衡。既然都讓真正的小朋友來演戲了，保有小朋友的天真無邪，應該更符合選角人員的意圖才對。正因為是娛樂產業，我更希望小朋友們也能開心地工作。衷心期待這些新生代的活躍表現。

談論到兒童演員時期，最不能漏掉的當然是關於父母的事情。

雖然各家經紀公司的方針不同，不過就我們公司而言，還沒上小學的小朋友基本上都會有家長陪同。偶爾也會有小朋友獨自前來，他們在兒童演員界都會被另眼相看。而我們家與普通家庭相比算是過度保護的，母親從不缺席，甚至有時候父母兩人都會跟著。

他們雖然很愛操心，但從來沒有強迫我從事演藝活動。他們一直告訴我，想辭職隨時可以辭職。不過他們這麼說的時候都會露出惋惜的表情，讓我無法辭職。

畢竟，當我說想做什麼，他們就會全力協助我。我工作上的移動基本上都是靠電車。當時還沒有智慧型手機，所以父母都會查詢時刻表小冊子，轉乘好幾班電車或巴士，帶著我前往遙遠的攝影棚。

而特攝作品和電影的拍攝時間太早，有時候沒辦法搭電車前往。這時候，就該紙本地圖登場了。我會搭著破舊的輕型汽車前往試鏡會場或片場。即使是每週都要出演的電視節目，有時候也不會幫我準備服裝。由於我們家不是非常富裕，所以媽媽會修改自己的舊衣服給我穿。我的外婆是西式裁縫，奶奶是和服裁縫，所以我有時候會穿她們幫我縫製的衣服。我非常喜歡家人為我做的衣服。尺寸合身，設計也很可愛。喜歡到在我能夠租借服裝後，還是會吵著要穿媽媽的衣服。

其實，我媽媽不只會做衣服，還會做很多其他東西。不管是以前還是現在，她都是開發「生活小巧思」的天才。我至今仍偶爾會仰賴母親的智慧。

參加活動時經常需要穿著全員統一的不合身T恤，為了想辦法穿上它，我會用絲帶繞過背後，或用胸章遮住用別針固定的部分，讓衣服看起來可愛一點，而這些點子一開始都是母親想的。

後來，東西很多的時候我通常都會使用風呂敷*，這也是母親的點子。它可以根據物品的增減進行調整，除此之外，沒有地方換衣服時可以將它鋪在腳下，還可以當作眼罩。

因為是二十五年前，所以「小朋友就去旁邊換衣服」這種事還挺常見的，我覺得母親的風呂敷一直守護著我，讓我免去很多困擾。除此之外，她積極正面又異想天開的點子也經常幫上忙。雖然這裡寫的都是母親的事，但是父親、爺爺、奶奶，大家都全力協助我。看到最親近的人們如此努力，根本沒辦法說出辭職二字，對吧？雖然辭職肯定不會被罵，但如果我不在還能奔跑的時候努力奔跑，而是任性地站在原處，總覺得會很對不起大家。雖然當時還是個孩子，不過我認為自己得到了多少關愛，就必須在這條路上堅持多久。

*譯注：風呂敷為日式包袱布。

成為聲優

原本是兒童演員的我突然立志成為聲優，應該是在我剛上國中的時候。契機是《奇諾之旅 -*the Beautiful World*-*》的文字冒險遊戲的試鏡。原本拿到角色的小朋友得了流感，而我以代打的身分參加試鏡，結果竟然通過了。此時我才知道，原來動畫角色的聲音是由人演出的！

當然，我早就發現現實世界中沒有皮卡丘和哆啦A夢了。畢竟當我參演戰鬥英雄作品時，就看到負責動作場面的和負責演繹戲劇部分的，其實是兩個不同的人了，我也知道敵人的身體裡其實是一個非常溫柔的叔叔。不過，我從來沒有想像過動畫的製作現場的樣子。雖然有點受到打擊，但是在這個瞬間，我的腦中也描繪出了巨大的夢想——這就表

＊奇諾之旅 - the Beautiful World -
2000年由電擊文庫發行的輕小說系列。時雨澤惠一著。分別在2003年、2017年改編成動畫。悠木分別飾演2003年版第13話登場的少女小櫻，以及2017年版的主角奇諾。

示，我真的可以成為美少女戰士和寶可夢訓練師囉？

從這時起，我才開始在觀賞動畫時注意聲優。難怪這個角色和那個角色的聲音是一樣的!!諸如此類的每一個發現，對我而言都宛如世界的真理。

此外，聲優和兒童演員不一樣，外貌基本上不會影響試鏡結果，這一點也讓我深受感動。我指的不是長相漂不漂亮，兒童演員多半都是飾演某個角色的孩提時代，所以一定會是與飾演現在的演員長得像、體格相近的人被選上。因為只會登場一下子，或是沒有台詞，所以重視外貌勝過於演技的情況很常見。而聲優不需要與角色長得像。就算有些時候多少會對外貌有所要求，我想外貌也不會是徵選時最重要的項目。只要磨練自己的技術，就可以成為任何角色，對我而言這具有重大的意義。我崇拜許多聲優，在房間裡模仿他們的聲音，然後自己一個人興奮不已。

當時我最常模仿的角色是《鈴鐺貓娘*》裡面，由澤城美雪*小姐配

＊鈴鐺貓娘
動畫周邊專賣店「GAMERS」吉祥物──蒂．奇．卡洛特的衍生動畫。於1999年播出。

音的毒舌女孩——布子（佩提．卡洛特）。我記得它在假日的早上播出，我們全家會一起觀賞。就這個時段的動畫來說，它裡面的搞笑段子很無厘頭，對吧？

父親第一次帶我去「GAMERS」的時候，店裡洋溢著桃子的香氣，讓我滿心雀躍。我存下零用錢，買了角色歌的CD和插畫集。當時的主流是CD隨身聽，但是買了CD和畫集後，我就沒錢買CD隨身聽了。可是我實在是非常想在房間裡自己一個人聽CD。這時候幫了我的是「進研講座*」。只要繳交考卷，就會獲得金色貼紙，而這些貼紙是用來累積點數的，集滿就可以兌換CD隨身聽。我永遠都忘不了終於拿到CD隨身聽當下的喜悅。當我好不容易聽到這首角色歌，布子面無表情地為我唱歌這件事讓我無比感動。話說回來，要說我是喜歡上布子的哪一點……那就是她面無表情卻很可愛，說話語氣冷淡卻能感受到其中的感情，這絕妙的平衡令我著迷不已。

《鈴鐺貓娘》還有一首歌叫《*Welcome!*》，這首歌有所有角色的獨

＊**譯註**：進研講座日本知名教育公司倍樂生（Benesse Corporation）所提供的對應小學、國中、高國中生的函授課程。

＊**澤城美雪**
聲優。代表作有《魯邦三世》峰不二子、《HUNTER×HUNTER獵人》酷拉皮卡、《鬼滅之刃》墮姬等。

唱版本。也就是說!可以聽著同一首歌,比較每個角色不同的個性!!不只是台詞,在歌曲中也能展現演技,讓我大受震撼。

而且當時澤城小姐還是學生。一個和我差沒幾歲的人,竟然可以只用聲音展現出這麼多變化,這件事讓我的內心充滿希望,也是我崇拜她的一大原因。

「總有一天要見到澤城小姐!」「在見到她之前我是不會放棄的!」我才剛這樣鼓舞自己沒多久,就很幸運地得到了和澤城小姐一起工作的機會!

那部作品是《我愛美樂蒂*》。澤城小姐演繹的是一個男孩子,不只是外貌,甚至還超越了性別!我身歷其境地體驗到這件事。她的聲音和演技和為布子配音的時候完全不一樣,令我大受感動。

澤城小姐人也非常好,當我因為長時間的後期配音而感到又累又餓時,她把麵包分給我吃;我害怕以後見不到她,於是焦急地想著一定要

＊我愛美樂蒂
三麗鷗股份有限公司的角色——美樂蒂的衍生動畫系列。於2005～2009播出。澤城美雪飾演主角的同學——小暮驅,而悠木飾演主角的妹妹——夢野琴。

一次問完所有問題，向她請教了很多事，像是劇本的製作方式、如何兼顧工作與學業、如何揣摩角色等等，而她都仔細地傾囊相授。

現在回想起來，我仗著自己是小孩，做了挺大膽的事啊……我深深反省。

我覺得自己現在還在當聲優，一定是因為當時澤城小姐用如此真摯的態度面對我。由於這部作品是長期的常規節目，其他聲優也都對我很好。我在這裡認識了許多很棒的大人。

多虧了這個超棒的體驗，我下定決心成為聲優，此時我面臨了第一次的經紀公司移籍。兒童演員經紀公司設有年齡限制，我也差不多到了尷尬的時期。如果還想繼續待在演藝圈，就必須移籍到大人的經紀公司。當時我的新經紀公司正要推出《紅*》這部作品。我應徵上女主角九鳳院紫，而這部作品的主角竟然是澤城小姐！與上次相比，這次我們飾演的角色相當親近，對手戲也變多了。被選為女主角之後，等著我的

＊紅
2005年集英社發行的輕小說。片山憲太郎著。2007～2012年於《Jump Square》改編為漫畫。2008年改編為動畫。

不只是後期配音，還有採訪、廣播、座談會等等，想都沒想過的工作如雪片般飛來。其實，我第一次在「Jump Festa」的活動中登台時，曾因為人太多而嚇到頭暈。從來沒做過的工作，以從來沒經歷過的速度接踵而至，讓我感到手忙腳亂。澤城小姐演技很棒，而且不管在哪個場合都表現得非常專業，非常帥氣，於是我設法模仿她，度過了這段日子。

當《紅》結束的時候，我又移籍到聲優經紀公司。

演員經紀公司和聲優經紀公司，公司內部結構和接到工作案件都不一樣。演員經紀公司接到的聲優案件，大多都是刻意找演員而不找聲優的案件。

因此，當時經紀公司的老闆建議我，如果真的想當聲優，去專門的地方會比較好。

於是我便移籍到我的前一間經紀公司——Pro-Fit。

當時的配音業界相當排外，無論是哪一間經紀公司，基本上都必須

＊養成所
聲優養成所。主要是由聲優經紀公司經營，傳授聲優必備技術和知識的學校。

先上過養成所*才能加入。我雖然有配音經驗，但不知道接下來該怎麼繼續從事配音工作，此時是 Pro-Fit 接收了我。

進入公司，認識了許多聲優後，我才察覺一件事。

我是不是，完全不懂聲優的基礎知識啊……？

雖說都是演戲，但是在麥克風前演戲和在攝影機前演戲，有著相當大的差異。因為我以前接的都是「刻意」請演員來配音的案件，所以有些事不懂沒關係，然而以配音為本業的話就不能這樣了。比如mic work*，比如一人分飾多角*，為路人角色配音等等，我遇到許多這種相當細節，但做不到又會造成別人麻煩的事情。

不過，自我懂事以來，就訓練出了一雙觀察力敏銳的眼睛，更重要的是，我可以近距離看著崇拜前輩的背影。不知道是我展現出了幹勁，還是小時候的努力開花結果，又或者是單純的運氣，我開始通過不少徵選。得到了現場學習的寶貴經驗。

這時候我上了高中。由於參演的作品還很少，並沒有忙得不可開

＊一人分飾多角
在同一部作品中，一名聲優為兩個以上的角色配音。

＊mic work
錄音時由多名聲優輪流使用同一個麥克風，或是指此時的走位。通常情況下，不會是一名聲優配一個麥克風，所以聲優之間必須合作，商量好什麼時候由誰用哪個麥克風。

交，所以和一般人一樣開心地享受了高中生活。有工作的時候，我會在放學後前往錄音室。因此雖然有點引人注目，但我會穿著高中制服去錄音現場。

未成年人出現在後期配音的現場是一件相當特殊的事情，所以很多人會問我「這是制服嗎?!」「妳今年幾歲?!」「現在學校流行什麼?!」當時我覺得很疑惑，心想：「有那麼稀奇嗎？」然而當自己長大成人，偶爾在錄音室看到穿制服的孩子時，就非常能夠理解那種想找他說話的心情，實際上我也會去問對方問題。

不過我有一個優勢。我記得學生時代別人向自己搭話的時候，我雖然有點害羞，但同時也覺得很開心。所以雖然需要一點勇氣，我還是覺得一定要去找年輕的孩子說話！就像前輩們對我做的一樣，我也想成為優秀的前輩，更重要的是，現場人員感情好，肯定能製作出好作品！我的聲優生涯，真的是從一開始就遇到很多好人呢！

在學生與大人的夾縫間

我的國中生活一開始就失敗了……不管是哪一種社交圈，第一印象都是非常重要的，對吧？

我就讀的國中人數很多，幾乎所有小學同學都一起升上這所國中，除此之外，其他地區小學的學生也幾乎全都就讀這所國中。

我和相處了六年的朋友都覺得，要和完全不認識的人打好關係很困難。要是當時別想東想西，主動向他們搭話就好了，不知道為什麼，我不想讓朋友看到在陌生人面前感到緊張的自己。結果，身邊的朋友不斷交到新朋友。這讓我感到很落寞，當我這麼想的時候，新的小團體已經形成了。沒能融入新的交友圈的我，就一個人待在教室的角落畫畫。

除此之外，另一個妨礙我結交新朋友的因素，就是身為半個藝人這件事。對於小學就認識的朋友來說，拿我的藝人身分開玩笑已經沒意思了，這個話題早就結束了，然而在那些國中才認識的同學眼中，這件事似乎很稀奇，所以他們瘋狂地嘲弄我。在學校被要求做我在電視上做過的事，讓我覺得很累，老實說我感到很不滿，為什麼我一定要為大家提供這種暫時性的笑點呢？於是我刻意保持低調，覺得自己必須當個無聊又不起眼的人，有意識地避開他人。

即便如此，小學時期的朋友依然陪在我身邊，所以我也不是完全陷入孤立。而且角落小組也不只我一個人，我和其他角落小組的成員也處得不錯。我們會交換插圖，互借喜歡的漫畫。這裡洋溢著小小的幸福。

至於學業方面，我自認成績還不錯。我其實非常喜歡製作東西，所以我做了很多筆記。課堂上首重速度，所以我只會做備忘錄程度的筆記，連老師說的話都一句不漏地記下來。回家後再一邊複習，一邊整理成整齊漂亮的筆記。這件事做起來還挺愉快的。不過，我一開始做筆記並不是為了讀書，而是因為想買閃亮亮筆。雖然只要說是讀書要用的，家人就一定會買給我，可是光靠一張嘴是沒辦法說服我媽的，必須拿出實績才行。我打算利用漂亮的筆記，讓她理解買筆的必要性。後來努力的結果得到認可，順利得到閃亮亮的七色筆之後，我更著迷於寫筆記了。

其實還有其他好處……因為筆記做得好，我成了考試前的人氣王。大家都來找我借筆記。我知道他們是在利用我，但是自己做的精緻筆記受到喜歡是一件很開心的事，所以我不斷把筆記借給別人。偶爾會有人沒有歸還，於是我參考圖書館借書的方式，在借出時先約好歸還的日期。當班上那些穿著垮褲、一臉兇惡的男生拚命懇求我借筆記時，我感到相當愉快。

由於國中一定要參加社團，喜歡畫畫的我理所當然地加入了美術社。我們主要的社團活動，就是每當運動社團或管樂社要參加比賽的時候，在巨大的紙張或布條上寫藝術字，為他們製作應援布幕。還有報名繪畫比賽之類的。不過，由於應援布幕並不是隨時都需要，沒事的時候，大家會聚在一起畫喜歡角色的插圖。

當時我非常喜歡《鋼之煉金術師》的拉斯多和恩維，所以都在畫他們。美術社的阿宅比例很高，學長姐人也很好，是我的療癒空間。我總是滿心期待著放學後的社團時間。

說起來，每次我問媽媽關於國中的事情，她都會提到合唱比賽。雖然我屬於不起眼的角落小組，但其實我擔任了三年級時合唱比賽指揮。

原因是，我不想要就這樣結束。我不想就這樣，在害怕受人注目的情況下畢業。合唱比賽辦在學期末，因此就算搞砸，成為眾矢之的，也只需要熬過最後幾個月。於是我鼓起勇氣毛遂自薦。我們學校的合唱比賽是班級對抗賽，所以大家都抱著「絕對不能輸給隔壁班！」的氣勢，相當認真地面對這場比賽。

早上、午休、放學後都在練習，後來連那些垮褲男都開始來參加練習，我們的合唱變得相當有震撼力。可是比賽當天我們只得到第二名，讓我感到非常不甘心。

不過我獲得了全校指揮獎，負責伴奏的同學也獲得了全校鋼琴獎。不僅拿到第二名，還獲得了兩個個人獎，感覺就像我們班比較厲害一樣，結果還算不錯。

原本我還帶著「一定要扳回一成！」的熱忱，看到大家這麼開心，反而讓我有點不知所措，不過這是一次開心的體驗。

高中生活更加快樂。第一印象會左右人際關係——我運用這個在國中學到的教訓，第一天就開始認真交朋友。我逐一向座位附近的同學打招呼，想辦法問出對方的興趣、嗜好，竭盡所能地努力交朋友。從髮型、鉛筆盒、皮鞋的種類、語氣、眼神移動、說話速度等特徵，推論出對方性格的行為，很類似根據劇本推敲角色個性的感覺，我還挺喜歡的。

高中與國中不同，幾乎所有人都是初次見面，所以交朋友變得容易許多。再加上我們班的阿宅特別多，這幫了我大忙。可能是那時候Niconico動畫正紅的關係。雖然和現在不能比，不過阿宅已經成了相當主流的族群。比起電視劇，班上同學更常談論動畫的話題。大家都對《東方Project》和《初音未來》著迷不已。我也在那裡受到了許多刺激。我會在KTV唱《俄羅斯娃娃》（マトリョシカ）、《*Panda Hero*》（パンダーヒーロー）、《*Melt*》（メルト）、《初音未來的消失》（初音ミクの消失）等VOCALOID歌曲，還曾經努力嘗試自己為喜歡的動畫製作手繪MAD*。至於「試跳*」，因為我是運動白痴所以完全沒辦法，但是我曾經協助會跳舞的朋友拍攝。

我會在文件背面畫圖，午休的時候和大家輪流用耳機聽廣播劇CD，談論喜歡的聲優的聲音，在喜歡的漫畫最新一集的發售日當天，放學後繞去逛安利美特。我想我是一個典型的阿宅高中生。這個時期比起聲優，我更像是一個學生。因此我從作品中聽到聲優的聲音時，會像

＊**譯註**：MAD為電玩、動畫、同人界用語。指將現存的影像、圖像、聲音，由個人重新剪輯並配上音樂製成的影片。

＊**譯註**：試跳為從Niconico動畫開始流行起來的影片類型。由網路上的舞者或業餘愛好者翻跳或改編流行舞蹈，並錄製影片分享到影音平台。

粉絲一樣興奮地吵吵嚷嚷。

其實我有時候也會以觀眾身分參加動畫相關活動。第一次參加的活動是《機動戰士鋼彈00*》的DVD發放活動*。

沒錯，高中時期的我瘋狂沉迷的作品，就是《鋼彈00》。

我超超超級喜歡這部作品裡的大哥哥角色——洛克昂．史特拉托斯。因為太喜歡，我甚至還和感情非常好的父母大吵了一架。

當時《鋼彈00》是在星期六傍晚六點播出。可是我們家有個習慣，就是週六日一定要全家一起出遊。自從迷上《鋼彈00》後，我就一直拜託他們讓我在播出時間前回到家，可是他們不答應，所以我只好心不甘情不願地看錄製的影像。

可是，有一集我一定要實時收看。那就是第一季第二十三話「阻止世界」。洛克昂會在這一集死亡。當然，在播出之前我不知道他是不是真的會死。不過從上一集開始，洛克昂的狀態就不大對勁了。

＊譯註：DVD發放活動為偶像、聲優或演員親手將DVD交給粉絲的活動，是粉絲見面會的一種。

＊**機動戰士鋼彈 00**
於2007～2009年播出的電視動畫作品。為《機動戰士鋼彈》系列的第12部作品。故事背景設定為西元2300年代，描寫對戰爭發起武力介入行動，追求世界和平的組織——天上人的奮鬥。

按照這個發展，他八成會死……但他是主要角色，又很受歡迎，搞不好有機會逃過死亡的命運。我拚命懇求並沒有奏效，這一集播出的那天，我也要和父母一起出門，可是我心神不寧，滿腦子都在想著洛克昂。

父母看到我這副樣子，就生氣地叫我不要沉迷於動畫角色，忽略現實生活，而我則以更加劇烈的怒火反擊。

即使那不是現實，他們也是在為了他們世界的和平而戰，聽到輕視他們性命的言論，讓我難以忍受。《鋼彈00》描寫的是幾百年後的世界情勢預測。正因如此，我甚至覺得如果只把它當成一個虛構作品來看，是在忽視我們的未來。如果否定我沉迷於虛構作品這件事，那我現在追求的工作又算什麼？把現實世界不會發生的事情變成虛構作品並傳達出來，藉此促使觀眾思考，這就是我們工作的目的啊！我感受到一股激烈的憤怒。

如今想像自己站在當時父母的立場，就非常能夠理解他們覺得必須阻止女兒過度沉迷動畫的心情。他們沒看過《鋼彈00》，而且以他們的世代來說，他們應該覺得動畫是小學低年級兒童在看的東西。更重要的是，他們都是徹徹底底的外向陽光派。

不過母親在這次嚴重吵架後看了《鋼彈00》。知道了這是一部描寫戰爭的作品，也理解這部作品及我推之死，就是我對現在的國際情勢和政治感興趣，並想學習相關知識的契機。她告訴我，她現在知道我當時是很認真在思考的。那天，我和母親聊了一整夜，甚至還針對國際情勢進行了激烈的辯論。從那時起，我們家自然而然形成了議論各種新聞的習慣，最近幾乎每天吃晚餐的時候都會討論。

真奇怪，我寫這段的時候明明是打算聊聊高中生活，卻都在講《鋼彈00》？不過，現在回想起來，我的高中生活還真的有超過一半都花在《鋼彈00》上，所以是無法分割的……這是我的青春。

兼顧大學與工作

在大學考試季，我有幸能得到參與幾部新作品中的常駐角色。感激不盡……雖然很少遇到同樣是高中生的同事，現場都是比我年長的人，但是「接下來也要作為聲優繼續努力！」的心情是一樣的，所以我也開始把大家當作夥伴。

印象中有一次後期配音的工作和考試在同一天。當我趕到現場時，各位聲優都對我說「辛苦了！」，讓我放下了胸口的一顆大石。我自認為已經經歷過不少艱難場面，但是在考試時卻感受到遠勝於那些經歷的緊張。不過在看到夥伴之後，緊繃的神經就放鬆了，得以安心面對後期配音的工作。隨著常駐工作增加，交情好的聲優也愈來愈多，而當時交情好的聲優，現在依然與我非常要好。

不過，真正的難關是在大學開學後。我一定要在四年內畢業，可是也絕對不想放棄工作。現在回想起來，覺得自己還真是貪心。說到底，我為什麼要去上大學呢？

因為我想為自己對洛克昂．史特拉托斯的感情做一個了斷。

我看到你們現在滿頭問號的表情囉～！也是啦，大家應該都覺得，怎麼會突然提到洛克昂？

我來說明一下，雖然會稍微離題。我知道對《鋼彈00》的劇情來說，洛克昂的死是必要的。可是能夠理解，並不代表不會難過。我還是很希望他不要死。他是一個動畫角色，在觀眾心裡留下的東西就是他的存在意義。不只是他，我認為這也可以說是所有娛樂內容的存在意義。

換句話說，當觀眾針對他死亡的結果進行思考並付諸行動，他的死亡才會產生意義。更進一步來說，我當時甚至覺得，他就是為此被殺死的，如果不這麼做，一切就沒有意義了。

因為當時年紀小的關係，我的想法還挺激進的。而這又和大學有什麼關係呢？

《鋼彈00》經常在探討理解他人和共情這一主題。這部作品告訴我，不要覺得什麼事都與自己無關，應該要先學習、求知。我想應該沒有人會說，看了這部動畫後，想要實際去現場摧毀傭兵組織、阻止武器走私、經營醫療機構吧。當然，如果有人真的做到，那很厲害。我覺得這部作品告訴大家的是，先帶著興趣去學習吧！因此我打算在大學認真學習社會學。我認為只要好好學習國際情勢和政治的相關知識，就會知道現在自己能做些什麼，弄明白這一點後，我才會逐漸看清自己未來的目標。愈認真回想這件事，就愈覺得「就為了這種理由讀大學?!」，不過對當時的我來說，這是比什麼都重要的事。

而且，我也想製作出那種感動人心的作品！想要演戲！所以工作和大學兩邊都不能放棄。我抱著就算只能再活十年，也要全心全意活在當下的心情，焦急地奔忙。

還有！難得上大學，我也想加入社團，加入後就會想認真參與社團活動嘛。順帶一提，我參加的是漫研社。不知道為什麼，剛加入社團時，社員們好像就知道我是聲優悠木碧了，不過他們一直假裝不知道。

直到某次，他們來問我可不可以把我的照片放到社團的相簿裡，我才知道自己的身分曝光。之前我一直以為自己的身分完全沒有暴露，原來只是大家絕口不提，總覺得對大家很抱歉。學長姐、同學、學弟妹都相當成熟，我衷心感謝他們沒有對我區別對待，用普通朋友的方式和我相處。

大學時代雖然忙到令人想哭，現在回想起來，卻有著許多快樂的回憶，這都是多虧了大家。

啊，可能有些人會覺得大學社團裡面很亂，不過我們除了一部分酒鬼喝酒喝得很兇以外，其他都是普通的漫研社。我們有個傳統，就是校慶時要cosplay，有一年大家都cosplay《魔法少女小圓*》裡面的魔法

＊魔法少女小圓
2011年播出的電視動畫作品。描寫「魔法少女」們以實現一個願望為代價，與危害世界的「魔女」展開戰鬥的故事。悠木飾演主角——鹿目圓。

少女！我是cosplay無臉男（布偶裝？），所以沒有加入他們的行列，不過我非常開心，在無臉男的裝扮底下暗自歡喜。

我的大學生活非常快樂，工作方面也相當充實。《魔法少女小圓》和《戰姬絕唱SYMPHOGEAR*》等等我至今仍有參與的作品，也剛好是在這個時期開播的。

從《魔法少女小圓》的徵選開始，我就覺得它的劇本非常有趣，以後肯定會成為厲害的作品。收到錄取通知的時候，我高興到跳起來，向其他聲優打招呼時也感到很緊張。不過，我在其他工作現場經常和飾演曉美焰的齋藤千和*小姐、飾演美樹沙耶香的喜多村英梨*小姐共事，所以覺得很放心。

這部作品對少女們的心思描寫得很細膩，時間線也很跳躍，所以必須非常仔細地確認劇本。每次閱讀這些台詞，都能從中學到東西，感受到深層的意義，所以確認台詞也是很愉悅的一件事。但是也不能否認，

＊齋藤千和
聲優。代表作有「《物語》系列」戰場原黑儀、《魔法少女小圓》曉美焰、《Keroro軍曹》日向夏美等等。

＊戰姬絕唱SYMPHOGEAR
2012～2019年播出的電視動畫。世界觀是用歌唱的力量戰鬥，因此發行了許多劇中曲，還舉辦了聲優演唱會。悠木飾演主角—立花響。

飾演時心靈會感受到沉重的負擔。而我特別容易對角色入戲過深，所以在為《魔法少女小圓》配音的那段時間，我很容易情緒消沉。不過當配音工作完成後，我覺得心裡暖暖的。我想，這一定是溫柔的小圓送給我的禮物吧。

《魔法少女小圓》帶給我最大的煩惱，就是在作品走紅之後，我需要為各式各樣的周邊重新錄製台詞。比如廣告、電影、聯名的ＡＰＰ等等，要配合各種不同的用途，用不同的形式演繹同樣的劇情和台詞。

舉例來說，《魔法少女小圓》的劇場版除了《叛逆的物語》以外，其他的內容都和電視版一樣。可是，必須根據觀眾的觀影環境和觀影時間所帶來的印象等因素，改變呈現方式。

此外還有廣告，廣告商雖然希望照搬本篇的台詞，但又不希望播出時給人陰沉晦暗的印象，所以要求我們與電視版做出區別。

不過，因為我自己也是阿宅，所以我知道阿宅不太喜歡變化。應該

＊喜多村英梨
聲優。代表作有《FRESH光之美少女！》蒼乃美希／莓天使、「《物語》系列」阿良良木火憐、《我的英雄學院》蘆戶三奈等等。

有很多阿宅喜歡二次元是因為二次元不會改變。事實上，我有時候也會在觀賞作品時，從角色身上感受到他永遠都會在那裡的安心感。

但是我也能夠理解，製作方一定會希望作品在更多觀眾心中留下深刻的印象。我想滿足追求不變的粉絲方，同時也想滿足追求變化的製作方，至今仍在為此煩惱。看到小圓的各種不同形象，使我開始思考真正的小圓在哪裡，如果這些形象能夠完美嵌合在一起，我會感到格外高興。《魔法少女小圓》開播至今已超過十個年頭，而她依然光彩照人，我想這是因為工作人員和粉絲都深深愛著小圓靈魂深處的溫柔。能夠為究極寶物少女「鹿目圓」配音，是我一生的驕傲。

這個時期我面臨的另一個障礙，是《戰姬絕唱SYMPHOGEAR》。它現在仍以不同形式持續推出內容，對我而言是相當重要的作品。

可是我心裡一直在想⋯⋯讓我來真的可以嗎——?!當然，這部作品進行過唱歌徵選和演技徵選。正因如此，我才一直在想為什麼?!為什麼是我?!讓我來真的沒問題嗎?!始終懷著惴惴不安的心情。

現在回想起來，我的心境似乎與響這個突然被捲入戰火的普通女孩非常類似。即便如此，愈是身處於漩渦之中，我就愈是無法冷靜，完全藏不住內心的恐懼。我得在水樹奈奈*小姐和高山南*小姐的開始演唱合唱曲，觀眾正興奮的時候突然從她們之間插入，這種壓力可不是開玩笑的。在大學裡，沒課的時間我都在聽SYMPHOGEAR的歌。有時候還會因為太痛苦而聽不下去。我就是這麼沒自信。每次前往現場，都會深深體會到自己的無力，感到心灰意冷。不過，就算我心灰意冷，響還是會挺身而出，所以我也必須挺身而出才行。這個現場的工作人員和聲優待人都很溫柔，這是我唯一的救贖。製作這部作品時，忙碌到沒有時間沮喪，大家都在手忙腳亂地設法解決眼前的工作。

然後終於迎來第一場演唱會，其實我幾乎不記得這場活動的事情。我想這恐怕也是因為一心想著「要設法完成眼前的工作!」，太過緊張而失去記憶了。我只記得唱完安可後會場的景色，就好像是我的意識從

＊高山南
聲優。代表作有《名偵探柯南》江戶川柯南、《魔女宅急便》琪琪／娥蘇拉、《忍者亂太郎》亂太郎等等。

＊水樹奈奈
聲優兼歌手。代表作有《火影忍者》日向雛田／漩渦雛田、《航海王》小紫／光月日和、《光之美少女》花小蜜／花蕾天使等等。

舞台上的我身上抽離，眺望著大家的螢光棒。支持我到最後一刻的奈奈小姐、高垣彩陽*小姐、各位工作人員，以及告訴我作為響的第一場演唱會大獲成功的各位「適合者」，多虧有你們，我才能再度飾演響這個角色。

綜上所述，我的大學時代被工作的摸索嘗試以及忙碌的大學生活填滿了。可能是因為此時有過在蠟燭兩頭燒的情況下全力衝刺的經驗，我現在也經常蠟燭兩頭燒。還撐得住嗎？可以可以！只燒一頭還覺得有點不夠呢！

啊！雖然我完全沒寫到課業的部分，但我是有好好念書的喔！別看我這樣，我可是很認真的！

＊高垣彩陽
聲優。代表作有《寶石寵物 魔法變身》拉莉瑪、《戰姬絕唱SYMPHOGEAR》雪音克莉絲、《刀劍神域》莉茲貝特等等。

前輩、後輩、同輩

一路走來受到許多前輩關照的我，隨著時間經過，也開始有了後輩。雖說如此，我一開始完全不認為自己是他們的前輩。直到現在，我還是沒辦法像那些栽培我的前輩們一樣，表現得那麼帥氣。「前輩」一詞，蘊含著我用盡全力也搆不著的憧憬，或者說是光輝。我不是在謙虛。

這時候就得依靠同輩。與我交情最好的同輩是壽美菜子*和早見沙織*。她們兩人都和我同年，從剛出道時就有著好交情。在職場上的交流也很多，曾一起主持過廣播節目，也經常參與同一部作品，我們就是這樣認識的。我很尊敬她們的工作內容，但她們的為人更是帥氣瀟灑，是令我感到驕傲的兩個朋友。

＊壽美菜子
聲優。代表作有《K-ON！》琴吹紬、《TIGER & BUNNY》卡玲娜・萊爾／藍玫瑰、《DokiDoki！光之美少女》菱川六花／鑽石天使等等。

＊早見沙織
聲優。代表作有《SPY×FAMILY間諜家家》約兒・佛傑、《航海王》大和、《鬼滅之刃》胡蝶忍等等。

美菜子是個勇於挑戰的人，就算遭遇重大挫折，也能轉換心態正面思考，重新振作起來，那從不放棄挑戰新事物、有魄力的精神非常帥氣。

沙織是個精明幹練的人，很善於傾聽。能夠精準地挑選並取捨資訊，在演戲時也能運用這項特質，細膩地呈現出細微的差別，這一點非常帥氣。

現在我們仍會向彼此傾訴赤裸裸的煩惱。由於我們和其他人相比，算是比較早出道，所以也抱持著特殊的煩惱。例如，對年長的後輩用敬語會讓對方感到惶恐，可是不用敬語好像又會太失禮？之類的。從大事到小事，我們無所不聊。就算沒能得到答案，光是說出來，內心就會輕鬆許多，正因為大家都成長於不同的環境，才能從不一樣的角度互相給予建議。

這個時期，我們聚餐時經常會聊到「雖然開始有了後輩，但是當前輩好難」的話題。想到大家都在為了同樣的事情煩惱，就會感到莫名的放心，而且她們兩個既聰明又經驗豐富，提出的建議都很有建設性。

比如說，關於別人如何看待自己的煩惱。由於我們是公眾人物，所以必須對此格外敏感。

而沙織教我的「三年盒子」思考法，至今依然能有效解決這個煩惱。這個思考法就是，「我們沒辦法立刻知道對方的想法，因此可以先把這份煩惱放進三年盒子裡，三年後再拿出來重新思考。如果三年後已經忘記這件事，那就不用再去管它；如果還記得，三年後的自己應該能夠得出不同的答案才是」。

剛認識沙織的時候，我就覺得她大而化之又樂觀，給人一種用心在生活的感覺，當她告訴我這個方法的時候，我感動地想，原來如此，這就是那種用心的生活方式的一環啊！

另外，有一件美菜子教我的事情，我現在仍然運用在工作上。那就是從喜怒哀樂＋愉快這五個情緒當中，選擇兩個構成自我的情緒。她很愛讀書，所以會跟我分享書裡的劃時代自我分析法。

雖然自我分析是我從小做到大的擅長領域，但是簡單地分類，反而能知道自己缺乏什麼情緒，讓我感動不已。

印象中，這是我們三人在聚餐時聊到的話題，我們還比較了另外兩個人對此的看法和我自己的想法。這種思考方式不僅可以在感到迷茫時用來進行自我分析，對於揣摩角色也非常有幫助。拿到角色介紹表和劇本後，我都會先思考，在喜怒哀樂＋愉快之中，這個人的哪兩種情緒最為強烈。在現在這個角色的情景中，只要把明顯感受到的情緒強調地表現出來即可，而且只要稍微多表現出一點不足的情緒，就可以呈現出角色的成長。演繹手機遊戲這類作品的短期角色時，能夠簡單套用這個方法；演繹長期角色時，它也能作為如何讓角色產生變化的參考指標。

美菜子是個好奇心旺盛又很有行動力的人，會積極主動地去學習各種事物，而且不吝於將這些資訊分享給其他人，很令人敬佩吧？啊，大家應該很好奇我們三個人對彼此抱持的最強烈的感情是什麼吧？不告訴你們！這是我們三個人的祕密！

與同輩一起煩惱了許久之後，我開始會小心翼翼地回答後輩問我的問題。現在亦是如此。後輩向我吐露的煩惱五花八門，諸如演技、如何經營社群平台、如何選擇工作、職場上的應對進退。有些是自己經歷過的事情，有些是自己現在仍無法解決的煩惱。對於演技這種沒有正確答案的問題，只要告訴對方自己的想法即可，但是關於經營社群平台這種做錯一步就會造成嚴重後果的事情，我不能隨便亂回答，所以我會先詢問好幾個人的意見，統整好想法後再給出答覆。

更難回答的，應該是像「難以忍受誹謗中傷」這種只會帶給人無限痛苦的無解問題吧。

沒有人能在毫無防備的情況下持續忍受誹謗中傷，一定會感到恐懼、不甘、悲傷，也會感到憤怒。可是，反擊那些匿名的對象，可能會讓自己更珍視的人事物受到傷害，因此只能把眼淚往肚子裡吞。只能任人欺負的痛苦會伴隨一生。我可以告訴他們轉念思考、找人商量這些恢復的方法，但是這些方法並不能阻止他們受傷，充其量也只是療傷方法。

直到現在，我能夠為後輩做的事情只有肯定對方而已，告訴對方我也很痛苦，我懂，這的確是一件很令人痛苦的事。沒辦法從根本上解決問題，總是令我感到很焦躁。

老實說，我也找前輩討論過這個煩惱。我記得前輩們也都對此懷抱著各自的煩惱。

其中令我大受鼓舞且至今仍銘記在心的，是林原惠*小姐對我說的一句話：「專業人士是不會用別人的想法來斷定好壞的。反過來說，當妳自認不夠好的行為或表現受到全世界讚揚的時候，妳會感到滿足嗎？」

當時我明明身處半地下室的咖啡廳，卻覺得前輩帥氣到整個人散發出神聖的光輝。同時也對自己的天真感到羞恥。我至今仍然覺得，竟然有人能針對誹謗中傷的痛苦給出明確的答案，傳奇人物實在太厲害了……

那為什麼我不告訴後輩這個答案呢……因為我還完全無法實踐。

當自認為不錯的表現遭到否定時，我就會立刻失去自信，而且當自

＊林原惠
聲優。代表作有《新世紀福音戰士劇場版》綾波零、《精靈寶可夢》武藏、《名偵探柯南》灰原哀等等。

己不確定到底好不好的表現卻受到很多人誇獎時，我就會覺得「也許還不錯！」

我想，等到我能夠做自己的裁判，徹底成為專業人士的時候，我就會告訴後輩這個道理，並對他們說，這是林原小姐告訴我的。

林原小姐是個非常溫柔的人，明明自己也受過很多傷，還願意把自己辛苦奮戰獲得的珍貴寶物分享給我。這不是可以用半吊子的態度轉告別人的事情，我想確實地理解它。我之所以會這麼想，是因為認識了很棒的前輩，以及身邊有認真努力的後輩。

想到自己當前輩當得如此戰戰兢兢，我不禁開始想像，自己以前諮詢過的前輩，搞不好也都是很努力地在當一個稱職的前輩，只是我沒發現而已。

雖然口口聲聲說還不能告訴後輩，但是又很想把林原小姐告訴我的這句超棒的話分享給別人……所以偷偷告訴了正在閱讀這本書的各位。

我自認自己的經驗還不夠格被人稱為前輩，所以我希望能先和後輩當朋友。如果能夠對等地交換意見，我搞不好也能幫上一點忙。

實際上，有時候我也能從工作經驗比我少的朋友口中，聽到令我獲益良多的想法。雖然經驗多寡是一個不可撼動的根據，但是每個人都是在不同的環境中，看著完全不一樣的景色長大的，所以後輩並不是什麼都不懂。也有很多事情是她們這個世代的人才懂的。

比如說 VTuber 中之人*這份工作。

聽說有很多 VTuber 中之人都是剛入行的聲優。有些人是因為不受歡迎而遭到換角；有些人則是因為一炮而紅，所以選擇以 VTuber 的身分繼續發展下去，而非聲優。

例如錄音的頻率、企業在各大影音平台的經營方式，還有在直播時以角色身分說話的危險性、可以對直播當下收到的留言給出多大程度的反應等等。

很多事情都是我以前完全想像不到的。

＊**譯註：**中之人原本是指布偶裝或角色皮套裡面的真人演員，現在也指VTuber背後的真人扮演者。

出現新領域時，都會是年輕人先被派遣過去。反過來說，他們掌握了業界最尖端的資訊。不僅如此，後輩們是看著、感受著那些新事物長大的，所以在演技方面，也會運用我所沒有的技巧進行嘗試。

和前輩聊天，沉浸在崇拜的情緒中是很幸福沒錯，不過和後輩聊天，吸收未知的資訊也是非常開心的一件事。

接著將聽到的事情與同輩分享，用我們自己此刻的觀點來思考更遙遠的未來。我始終認為，上述的每一種關係都是不可或缺的。

關於現在的我

現在的我是什麼樣的人呢……我想做個自我分析。

撰寫這本書的當下，我是三十歲（二〇二三年）。剛滿二十歲時，我完全沒有成為大人的感覺，並曾經為此感到困惑，然而又過了十年之後，我雖然不知道自己算不算是個大人，但總算覺得自己不能再當個小孩了。我希望年紀比我小的人可以保持著孩子的耀眼光輝，所以我覺得讓自己成為蒐集大家光輝的容器，應該會是個不錯的目標。

我這樣是不是打腫臉充胖子啊？熬過了光是保持前進就耗盡全力的二十到二十五歲；有了後輩之後，便開始意識到要與大家一同前進，因為我的前輩也都是這麼做的。在這段期間中，我拿到的角色種類也逐漸改變。能夠接到大姊姊、少年、未知生物這些意想不到的角色，我感到非常開心。

在日本的作品中，學生當主角的情況特別常見。我想應該是因為孩子的成長過程中蘊含著一種美，或者應該說，日本有著把徹底長大前的那一剎那保存在作品中的文化吧！因此，通常也會要求飾演那個孩子的演員在作品中有所成長。

而促使主角成長的配角群，則傾向於找能夠輔助主角的實力派演員來飾演。

換句話說，能夠被請去當配角，就等於是升格！

而且老實說，擔任主力輸出的主角和擔任輔助的配角要做的事完全不同，有趣之處也不一樣。

主力輸出就是靠體力決勝負，必須一直跑在隊伍的最前面。輔助角色則要為主力輸出表現不佳的地方打掩護，或是為了讓主力輸出跑得更輕鬆，替他上ＢＵＦＦ或鋪路。輔助角色之間的配合也很重要，有時會需要利用過去擔任主力輸出的經驗來預判情況。而且因為台詞比較少，必須在有限的回合內提供確實的支援。是非常有意義的角色。

更進一步地說，當過輔助角色再回去當主力輸出的話，就可以在擔任輸出的同時預測輔助角色的行動，所以作為主力輸出的實力也會提……！提、升……要是能提升就好了！

老實說，我之所以會想接一些與配音沒有直接關係的工作，也是因為想提升自己的輔助能力。因為可以在全新的環境看見全新的景色，我覺得很有挑戰的價值。

現在由我自己提案並企畫的「YUKI×AOI合成獸企畫*」，也是因為這個原因開始的。

用個有點唐突的比喻，假設現在自己站在一個水坑裡，這裡的水因為自己的體溫而變得溫暖，令人覺得很舒適，但是它總有一天會乾涸，對吧？

＊YUKI×AOI合成獸企畫
作者於2019年推出的角色作品，目標是製作完全原創動畫。描繪從人的言語中誕生的生物「奇美利歐」的日常。

因此一定要跳到另外一個水坑。無論那個水坑多麼冰冷，無論它是泥水或者有毒。自己肯定不是一株快要枯萎的脆弱幼苗，因為有那麼多人細心地呵護我成長。這次要換我來支援別人。而擁有愈多經驗，才能應對更多的場面。

事實上，我已經在工作上運用好幾次了。

舉例來說，撰寫腳本時要在掌握整體故事核心的情況下觀察各個角色，但是演員要從角色的視角掌握整體故事。我兩邊都有在做，但還是認為沒有實際做過是無法理解這種感覺的。

此外，作為演員參與作品的時候，若是發現劇本有錯誤，會很難開口指出錯誤，可是自己寫過腳本後，我才知道被指出錯誤是一件非常令人開心的事。因為這就代表，對方用心讀完了自己用心撰寫的故事，不是嗎……！非常感謝！還有抱歉弄錯了，我馬上修改!!

另外，以編劇身分下指示的時候，我會相當注意用字遣詞，以盡量避免侷限演員的表現，有很多事情是只有演員才做得到的。

反過來說，有時候也會因為自己是演員，所以不想偏袒演員，給工作人員添麻煩，實際感受到要學的事情還有很多。

另外，由於自己擁有角色的出版權，我深刻感受到出版權的運用有多困難。

舉例來說，某個商品要上市的時候會發新聞稿，而有時候會希望演員或藝人能為我們說幾句話，這樣才會有更多媒體願意刊載新聞稿。不過，根本無法預測新聞稿何時能夠發布。尤其是撰寫這本散文集時正值新冠疫情，使得時間更難預估。如此一來，有時候委託案件的時間就會變得超級緊迫。還沒接觸到聲優以外工作的時候，我曾遇過傍晚收到通知、當天晚上就得完成的評論委託，當時只覺得「這怎麼回事?!」，對於如此緊急的委託感到困惑，但是現在我可以想像到背後的原因。雖然我目前還沒發過要人在當天完成的委託案件，但一想到自己以後也可能遇到，就覺得又多了一個能夠溫柔對待別人的機會。

在為聲音類的作品進行最後調整時，我仔細請教過安插ＢＧＭ、添加音效的專家，鞋底是用什麼材質製成的、走路的速度有多快等等，在音效中加入肢體演技。因為平常進行後期配音的時候是還沒有上音效的，所以這部分也讓我大開眼界。

ＢＧＭ的權利問題、商品的利潤、店家的進貨量和陳列的規模，會依店鋪特典的優惠而異，這也是我實際做過後才知道的事。雖然有些學到的知識還沒有直接影響到演技，但是了解一起在現場工作的人們期望的是什麼、正面臨哪些困難，是成為能幹輔助角色的第一步，對吧？

我想擔任輔助角色還有另一個原因。

這個原因還挺現實的。在業界累積愈多作品，「代表角色」就會愈來愈多。而「代表角色」愈多，工作檔期就愈容易被代表角色填滿。如果是熱門作品，不只會有第二季、第三季的後期配音，還會有藍光ＤＶＤ上市紀念活動、該作品的手機遊戲、合作媒體或遊戲機台的配音，以及角色歌的發行和演唱會等等，直到作品完結。有時候就算已經完結，還是會有後續工作。

一旦拿到角色，就要負起責任演到最後，因此若是這些工作都已經定好，時間上就很難再去接新作品的主角，因為主角的工作量肯定是比較多的。所以我才必須成為能夠好好飾演配角的聲優。

我想要與過去遇到的角色白頭偕老，也不想放棄邂逅新角色的機會。很貪心吧？

從以前開始，我就很喜歡透過飾演角色，把該角色的倫理觀或哲學內化的感覺。無論角色年紀多小，都存在形成他這個人的要素。接觸到這些要素時的快感應該具有某種成癮性吧！

在所有演員當中，聲優是幾乎沒有年齡限制的稀有職種。正因如此，憑藉自己的努力，隨著年紀增長，接到的角色類型也會逐步拓展。我認為這正是這份工作的一大魅力。

來聊一下除了工作以外，最近發生的事情吧！

現在的我……其實和學生時代其實沒有多大的差別。我喜歡畫畫和電玩，不擅長運動；與人交流需要耗費大量的精神能量，卻非常喜歡他人。

硬要說的話，我與父母的關係算是有所改變吧。對我來說，父母是我尊敬的對象，我希望得到他們的認可，希望得到他們的愛。

而年滿三十歲的現在，父母依然是我尊敬的對象，我開始覺得自己應該接受他們在去掉父母這個身分後也是人，是我要以愛回報的對象。我此生非達成不可的最大使命，或許就是帶著笑容照看他們走完人生的最後一程。我覺得自己必須從被守護者，慢慢轉變成守護者。

我可能有點想得太遠，在寫這篇文章的此刻，我的父母都還很健康，我們感情也很好，應該還有時間可以讓我進行各種嘗試。他們最近迷上ＳＵＰ（立式划槳）這個水上運動，他們倆出門旅行時，都會去湖邊或海邊划槳。我也挑戰過一次，發現用看的和實際操作的感覺完全不一樣，相當好玩。

該說是水聲和風讓人覺得很舒服嗎？這也是一種沒體驗過就不會懂的感動。

宅活的部分更是沒有變化。

硬要說的話，就是我的推雖然隨著時間改變，但與其說是沉迷於新角色，不如說是再次掉入以前喜歡角色的坑……這樣的事情不斷重演。

最近也有很多週年紀念作品。製作方也設計了讓粉絲都重新燃起熱情的機制，讓我充滿感激。重新觀賞以前喜歡的作品，我開始能夠用「原來我是因為對這個角色的這個部分產生這種共鳴，才會喜歡上這個角色」的角度，分析當時「總之就是好喜歡～！」的激動情緒，感覺更深入地理解了自己喜歡那個對象的心情。

在這個名為自己的遊戲中，我才玩了三分之一的進度而已。雖然玩的不是簡單模式，不過挑戰要素就是要多一點才好玩啊。

啊，貓在吐毛球了，我先去清理一下。

把「熱愛」當成工作

喜歡電玩遊戲，喜歡動畫，所以想從事與之相關的工作。

抱著這種想法而立志成為聲優的人肯定很多吧！我也是典型的這類人。雖然從兒童演員開始做起的路線與大多數的人不同，但是想把興趣當成職業這份心情應該是相同的。

學校也會教導我們，可以把興趣當成工作，要我們先把感興趣的事情或熱愛的事情當成目標。

不過老實說，我覺得這是相當危險的一件事。因為我曾為此苦惱過，才想把這個經驗告訴大家。雖然我熬過來了，但是我也看過好幾個遭遇挫折的人。

熱愛的事情比能夠賺錢的事情更重要且珍貴。可是，把熱愛的事情變成職業之後，就會變成為了賺錢才去做熱愛的事情。

乍看之下，大家可能會覺得這樣沒什麼不好……但是說實話，任何工作都會有很多不講理、辛苦的地方，以及很多你不會想知道的事情。一旦你知道這些事情，熱愛的事情就會逐漸被討厭的事情侵蝕。

舉個例子。我只是舉例，是舉例喔！假設你最喜歡的漫畫要改編成動畫，而你去參加了徵選。你使盡渾身解數，但是沒有被選上。後來你才知道，原來一開始就有內定人選了……如此一來，你以後看到這部作品的名字，想起的就不會是你對作品的愛，而是無處宣洩的不甘。

如果是單純的指定選角倒沒什麼。然而，明明已有內定人選卻還舉辦盛大的徵選是很傷人的，你會忍不住去想，因為早已有內定人選，自己滿懷愛意錄製的試音帶是不是根本沒有人聽？如果這個選角有點偏離

「自己構思出來的最佳形象」，就會更加受傷。

更進一步地說，即使聲優的演技很穩定，你也有可能會因為心有不甘而雞蛋裡挑骨頭。因為討厭這樣的自己，所以逐漸遠離該作品。喜歡本該是一件幸福的事，卻因為知道了無謂的事情，而再也沒辦法觀賞該作品，這種事情時有所聞。這種不斷削減自己「熱愛」的感覺是非常痛苦的。只是一、兩次還能忍受，但如果在很多作品中都遇到這種難以言喻的負面經歷，有可能會開始排斥動畫。在大多數情況下，現實都不會如你所想。「愛」得愈深，反作用力就愈大。

此外，就算不是這種負面原因，工作也會讓你對此失去興趣。每季都要參加徵選，否則就沒有工作，因此每天都必須仔細鑽研。耳朵聽到的所有聲音都會成為通往未來的提示。

如果你是以動畫配音為主的聲優，動畫就是資訊寶庫。只要一看動畫，就會開始分析。具體的演技內容就不用說了，還會分析停頓時間、聲音與畫面的同步感、與其他角色聲音的差異、每部作品的表演風格等等。雖然這件事本身很有意義，也很有趣，但是與興趣的「熱愛」是不同的。只去了解喜歡的部分，對於要運用在工作上的資訊來說是不夠的。

一旦開始用這種視角看動畫，就會逐漸不覺得看動畫是一種娛樂。正因為動畫是形成自我的熱愛事物，所以自己才懷著追根究柢的熱情努力奮鬥，然而回過神來，卻發現興趣已經變成了義務。我覺得這是一個很大的損失。

那到底要做什麼工作才好……我認為，把擅長的事情當成工作可能會比較好。

自己做某件事的時候，好像沒有像別人說的那麼辛苦？像這樣枝微末節的事情也行。喜歡的事情無論如何都會遭遇狀態起伏和失去，而擅長的事反而意外地能夠持續。

工作是維持生活的手段，並不是生活方式。以手段來說，盡量選擇輕鬆的方式才會有效率。就結果而論，我認為利用擅長的事情打好生活的基礎，再把金錢和時間投注在興趣上，才能夠為了喜歡的東西而活。

若你喜歡動畫和電玩遊戲，又喜歡演戲，也是一樣。這個時代，任何人都能成為資訊傳遞者，你可以結交會寫腳本的朋友，或是自己寫腳本，再自己演出並傳遞出去。如果因此接到了演戲的工作，那演戲就算是你十二分擅長的事情了，所以我認為你從事演員這行也挺好的。

讀到這裡，有些人可能會心想：「咦？悠木小姐是想辭掉現在的工作嗎？」或者「妳後悔了嗎？」

說實話，我有三分之一是感到後悔的。不過我並不打算辭職。

就我而言，我擅長的事情和喜歡的事情奇蹟般地一致。多虧家人很早就看出我擅長的事情，我才能把自己做得比別人好的事情當成工作。

其實，我還有一小段時間的夢想是成為插畫家。不過，總是全力支援我去做自己想做的事情的父母，這次卻相當直接地勸退我，說我不適合當插畫家，建議我不要把畫畫當成主要的工作。

當時我怒氣沖沖地認為：「父母只是想讓我成為藝人而已！」但是現在我懂了。自從我認識了插畫家朋友，自己也開始從事一些繪畫工作後，雖然很不甘心，但是不得不承認，父母當初說的話是對的!!

雖然我寫了一堆沒有夢想的事情，但請大家不要放棄希望！其實，喜歡的事情是很容易變成擅長的事情的。因為你滿腦子都想著它，更重要的是，你會仔細觀察它，所以能夠學得比其他事情更深入。

我雖然比別人更喜歡畫畫，但是並沒有特別擅長。不過我很擅長自我分析，所以我憑藉著能夠發揮自己特長的工作，進入喜歡的動畫業界。

反過來說，就算喜歡的事情沒辦法變成工作，它也會陪伴著你一輩子。因此，不需要硬把它安插到工作裡。

有人可能會想，沒有特長的人該怎麼辦呢？不用追求第一名，無須與人比較。只要以自己相對較容易持續的事情作為基準來選擇就好了。

至於什麼樣的人適合當聲優呢？首先，我認為最重要的一點，就是要能夠應付每天都不一樣的狀況。

每天都要在不同的時間、地點，與不同的人一起，做完全不同的工作。每個月的收入也都不同。作為另一個自己、另一個人而活。令人意外的是，好像有很多人覺得持續過這種日子壓力很大，不過我反而是不擅長每天按部就班做同樣的事情，所以用消去法選擇了變化多的工作。

父親都是每天在同樣的時間起床，完成例行公事，在同樣的時間去公司，同樣的時間回到家，並持續過這種日子好幾十年，我真的非常敬佩他。我曾經問過：「這樣不累嗎？」而他回我：「雖然很累，但是每天都有變化的工作感覺更累。」我當時就想，他擅長的事情應該和我完全相反吧。

下一個條件，就是能夠保持自我肯定感。如今聲優的工作內容已經不僅限於幕後，甚至還有人上過紅白歌唱大賽，這是一份要站上公眾舞台的工作。一旦站上公眾舞台，就要開始過上恐懼著匿名暴力的生活。當然，也有很多寶貴的意見是因為自己的不成熟而收到的，不過這裡的重點並不是誰對誰錯，而是當內心被傷得支離破碎時，你是否具備相信自己並重新站起來的力量。

不管是有條有理的批評，還是毫無根據的謾罵，一開始看到時內心都會受傷。為了正確判斷那是應該虛心接受的建議，還是可以無視的訊息，必須先愛自己、肯定自己，並冷靜地接納對方，對吧？這也是我現在一邊寫，一邊告訴自己的事情。

順帶一提，自我肯定感是可以後天訓練的能力。如果你現在認為自己沒有自我肯定感，或許可以試著在生活中有意識地去提升它。就算對自己沒有自信，擁有好朋友的陪伴或父母的愛護，也可以讓你感到放心。

重點是要讓自己的內心安定下來，無論採用什麼手段都可以。就算沒能成為聲優，愛自己的力量應該也會守護著你一輩子。

順帶一提，我一直在進行用英文寫日記的訓練，記下今天自己做得很棒的事和好事。想不到什麼「超棒！」事蹟的人，也可以只寫「我今天努力生活了！」或「我寫了日記！」之類的內容。有時候，只要把「每天結束前要寫日記……」這件事放在心上，就會意外發現「啊，剛才我好像很棒！」的事情。請大家試試看。

最後一點，是自我經營力。

聲優和演員不一樣，聲優經常需要自己經營個人形象。演員的經紀公司會幫演員安排計畫，每個演員身邊都會有經紀人跟著，幫演員選擇工作和服裝，一起思考未來的發展方向等等，但是有這種制度的聲優經紀公司很少。

大部分的聲優經紀公司，經紀人都是跟著自己負責的客戶，而非聲優。因此，有時候會只有自己清楚所有的工作內容。

如此一來，就必須自己思考要接什麼工作、接多少的量，哪個角色可以在哪個時間點公開，外界對自己接演這個角色會有什麼看法等等。

啊！當然這也依公司而異，就算公司沒有安排專門負責的經紀人，也可以找經紀人商量事情！不過，最後要呈現出什麼形象，還是要自己決定。

而如今又是可以自由運用社群平台傳遞內容的時代，能夠客觀審視要用什麼形式、對哪些人展現自己的能力是不可或缺的。

我還挺享受這件事的。應該說，這就像是用自己來進行一個巨大的實驗嗎？當然也有失敗的時候，不過我挺樂在其中的，所以我想應該沒什麼問題。如果你的心臟能夠享受自我實驗的刺激感，應該可以長期從事聲優這一行。

咦，必要條件難道不是演技嗎?!大家是不是在心裡這麼想呢？

的確，擁有這項條件絕對很有優勢。不過如同前述，能持續工作下去很重要。光靠天賦是沒辦法堅持下去的。反之，只要能夠堅持下去，累積演繹各種角色的經驗，天賦就會獲得提升。

請先找出可以作為自己武器的東西，即使很弱也沒關係，接著再去尋找活用它的方法。

就算灰心喪志也無妨。你一定有熱愛的東西。請好好珍惜你的「熱愛」，因為那是你永遠的寶物。

悠木碧的例行公事

我把熱愛的事情當成工作，現在也已經無法回頭了。既然如此，那就下定決心徹底投入。因此我著手進行「合成獸企畫」、撰寫散文等等。一旦停下來，我就會看到那些不斷減少的東西並感到不安，因此我想藉由採取行動來獲得全新的事物。

現在回想起來，這就是我從學生時代便開始身兼二職的最大原因。無關職業、年齡、性別，大家都會對未來感到莫名的不安。換句話說，不管過了多少年月，累積了多少資歷，都沒辦法不擔心未來。如果不用某種方式消除不安，就沒辦法快樂生活。於是我選擇了一個非常單純的方法，就是總之先行動起來，藉此忘掉不安。

結果來說很不錯，雖然總是忙得不可開交，但是我能夠積極向前地生活了。以主業聲優為中心，嘗試當製作人、嘗試設計、寫腳本、作詞，以及寫散文。以現狀來看，還算是能勉強維持運作。

很多人問我，我是如何擠出時間的。其實我自已也不太清楚……只能說，在工作檔期方面，經紀公司和編輯等人都為我考慮了很多。

不過據他們所說，光靠這一點是沒辦法維持下去的……

於是我想藉著這個機會，回顧自己一整天的例行公事。由於我的工作每天都不一樣，所以沒有準確的例行公事，不過我想應該可以說出大致上的固定行程。

早上起床後，我會先玩一場益智遊戲。因為如果不活化腦部，就無法戰勝睡回籠覺的誘惑。用什麼玩都可以，而我最近著迷的遊戲是從亂七八糟的房間裡找出三個同樣的東西。就剛起床的狀態而言，這個遊戲難度剛剛好，因此它深得我心。如果在這個階段還是起不了床，我會吃口香糖或放音樂，用各式各樣的方法提振自己的精神。

總算起床後，我會點眼藥水，喝水，然後完成事務工作。回覆深夜收到的LINE訊息或電子郵件，並收聽語音信箱的留言，計畫一天當中的什麼時候可以回電。

我也會在這段時間確認採訪文章的措辭和照片。確認採訪文章是沒什麼問題，但是照片的部分最好趁自己意識還不太清楚時確認。人不可能擁有百分之百滿分的外表，若是太過糾結會沒完沒了。

接著，我會將每部作品錄音時的必要資料彙整起來，存到iPad裡。動畫配音以外的工作，我都是在iPad上進行的。因為紙本資料太多的話，我會搞錯或忘記……

我從小就很常忘東忘西。有一天，我發現把所有教科書都帶去學校就不會漏帶，從此以後，我就開始每天把所有的教科書帶去上學，再帶回家。真的很重。而現在只需要負荷一台iPad的重量，真的很感謝時代與技術。由於我偶爾會犯下忘記充電這個致命錯誤，所以有另一台舊的iPad隨時都插著電，當作預備。把來自電話、電子郵件、行事曆系統的日程資訊輸入行事曆應用程式，確認昨天晚上事先整理好的待辦事項清單，安排要在什麼時間做完這些事。也會在這時候發早上的推特。

準備的時候，一邊把湯加熱、煎蛋。大多數時候的早餐都是湯、雞蛋和優格。如果是一早就有很多工作的日子，會再加上白飯或麵包。

順帶一提，我家廚房設計得讓貓超級喜歡來這邊玩耍。在準備早餐時要一邊保護自己的阿基里斯腱。

吃完早餐就開始工作。早上沒有工作的日子，我會去看醫生、看牙醫或做推拿，盡量保持身體健康。因為我的身體不是很好，所以只要一感覺不對勁就要馬上去看醫生，否則會出大事。如果沒時間去看醫生但又感覺自己好像感冒了，我會在肩胛骨之間貼溫灸貼，然後喝「R-1*」和「Chelate Lemon*」。這些都是前輩教我的方法，不知為何非常有效，大家也試試看吧。不過這只是一種應急處置，還是要去醫院看診。

＊譯註：R-1為明治推出的乳酸菌優酪乳。

＊譯註：Chelate Lemon為Pokka Sapporo推出的健康飲料，含有大量檸檬酸和維他命C。

我會在前往工作現場的車程中，預習今天的工作並確認隔天的工作。如果很快就完成的話，我就會確認長篇遊戲等需要仔細閱讀的劇本。如果當時有時程上必須馬上著手進行的原稿，或是臨近截稿日的插畫，就會優先處理這些。竟然要在車上畫圖?!大家可能會感到疑惑，但我其實只會做稍微有點搖晃也不影響的作業。對了，我的三半規管非常遲鈍，不太會暈車，不過有些人容易感到不舒服，所以我不怎麼推薦這個方式！

抵達現場後，就開始認真工作。由於每天都在不同的地方、不同的時間，與不同的人進行內容不同的工作，所以這部分沒有例行公事。

結束時間和地點都不一定，所以接下來的行程會依工作結束的時間而異。一天之中要移動多長的距離、要在現場待多久，每天都不一樣，所以每天早上都要規劃一整天的行程。雖然沒辦法完全按照計畫執行，但是比起完全不設立指標，這樣更方便行動。即使是事先定好結束時間的工作現場，提早完成的話，就可以提早獲得自由，在前往下一個現場之前去咖啡店工作。無論如何都無法消除疲勞的時候，我也會去ＫＴＶ或網咖小睡一下。連鎖按摩店也是個好去處。如果有需要攝影的案子，我會趁空檔去髮廊或美甲店。最後可能會去經紀公司拿劇本。

就這樣在現場一直待到晚上，然後回家。

放下行囊，洗好手、漱完口，我會先做運動。要是不在放鬆之前活動身體，之後就絕對不會做了。在肌力訓練之中，我還挺喜歡平板支撐的。我會盡可能撐住身體。雖然很累，但是做完之後，隔天會更容易從肚子發聲……我也挺喜歡深蹲和健身拳擊，總之會運動一個小時左右。

做完有氧運動之後通常都會大汗淋漓，所以我會立刻去洗澡，接著才吃晚餐。因為我和爸媽住在一起，會有人準備飯菜，所以只要把菜熱一下就可以吃了，真的非常感激。大部分時候，我都沒辦法和家人同時吃飯，不過大家會不約而同地一起待在客廳，我吃晚餐，父母則觀賞預錄的電視劇。貓也會在。我們會互相報告當天發生的事，吵吵嚷嚷地聊著沒營養的話題。

差不多散會的時候，我就會開始確認劇本，為明天做準備。做完這些之後就是自由時間了。我會玩遊戲、畫畫、做羊毛氈或重新調整公仔的展示架。如果有東西的交件截止日迫在眉睫，我也會利用自由時間來處理。做著做著眼皮就會慢慢變重，然後去刷牙，上床睡覺。

在寫這些的時候我就覺得，根本沒有任何特殊之處，真是抱歉⋯⋯硬要說的話，就是我會安排待辦事項的優先順序，規劃行程，希望自己能盡可能毫不猶豫地決定下一步要做什麼。

電子郵件和審片*之類的事情也是一樣，我會盡量靠瞬間爆發力下判斷。當然，隨便回覆是不行的，所以我會好好蒐集幫助我做判斷的材料，我覺得當材料準備齊全之後，再用直覺和瞬間爆發力做選擇，會得到最佳的結果。奇妙的是，當我斟酌再三的時候，通常結果都不會太

＊審片
專指在影視業界，由客戶或上級確認作品並提出修改指示。

好。可能是消除不必要的迷惘，因而擠出了仔細斟酌必要部分的時間。

說得好像很厲害，但我要再強調一次，這絕對不是我一個人可以辦到的事情，是在家人、經紀人、編輯等許多人的支援之下，才總算得以運作的狀態。有些人說和我一起工作很開心，我打從心底感謝他們，就算是為了他們，我也想盡己所能地向前跑。

原本想好好做個總結，但是我突然想到。

我經常在看到喜歡的電影時，幾乎天天去電影院報到，或是三天玩完一款新遊戲，可是我是如何在這些例行公事之中擠出時間的呢？

我也不知道。為什麼會這樣呢？針對這一點持續進行自我分析，也許能找出還可以更省時的部分。

推業篇

也有休息的日子

到目前為止一直都在說工作的事，若是能寫出我沒有工作的休假日都在做些什麼，應該會挺有趣的吧！

老實說，都是一些不出各位所料、相當平凡的日常，這也算是我的現狀。

休假日我大多都會躺在床上發呆。基本上不會回覆電子郵件、LINE以及接電話。我會把這些記在待辦事項清單，隔天再回覆。一旦開啟工作模式，就會很難切換回來，所以我決定假日什麼都不做。就算沒有工作，我也會在同樣的時間醒來，不過假日可以睡回籠覺，也可以不吃早餐。睡到開始感到疲倦後，我就會滑Twitter（X）、看電影、畫畫、玩遊戲。奢侈地運用時間，盡可能過著懶散的生活。

我基本上都待在家裡，只要沒有約就不會出門。肩膀痠痛的時候就做做廣播體操。然後再小睡一下。肚子餓了就叫外送的沙拉來吃。因為休假日的運動量太少，我會避免攝取高熱量的食物。

以上說的都是沒有什麼交期迫在眉睫時的假日。在暑假前和過年前夕，現場工作的交期迫在眉睫的時候，或是新書上市前、很多活動擠在一起的時候、一個檔期塞了太多工作的時候，若是過得這麼悠哉真的會開天窗，所以我會用假日來追趕進度。

具體而言，我會設定計時器，全力以赴地工作。前一天會先整理待辦事項清單，決定時間分配。

重點是不要一直做同樣的工作。我很了解自己容易感到厭煩的性格，所以會讓計時器每九十分鐘響一次，檢查郵件↓撰寫劇本↓繪製插畫↓確認劇本，像這樣刻意去做需要運用不同大腦部位的工作，以減輕假日加班的感覺。

覺得「累到受不了～！」的時候，我就會出門散步。用耳機聽著JAM Project*的歌，散步約三十分鐘後，就會覺得因為我是勇者，要為了世界工作才行……我也很喜歡Maximum The Hormone*，聽了會覺得工作工作工作工作工作工作工作工作死了也要工作!!分泌腎上腺素會令人感到神清氣爽，所以我平常都只聽嗨歌。快節奏的動漫歌曲和J-ROCK是我的好夥伴。散完步回家，就繼續工作。若是提早完成這些工作，我就會立刻回歸理想的軟爛生活，像動物園的熊貓或獅子一樣大口吃掉時間。

雖然工作還是在繼續，感覺根本沒有一天可以無所事事，不過身在這個業界，這是一件非常值得感激的事情，既然有人需要我，那我就應該工作。我大部分時候是個社會人士，休假時間則會像動物一樣度過。偶爾真的累壞的時候，我會把一切忘掉，除了睡覺之外什麼都不做。懷著淡淡的罪惡感和對於明天的擔憂，把自己交給睡魔，這種悖德感最過

*Maximum The Hormone
1998年組成的搖滾樂團。成員有Maximum The亮君、大輔、阿上、奈緒。

*JAM Project
2000年在水木一郎的號召之下成立的動畫歌手團體。主要成員有影山浩宣、遠藤正明、北谷洋、奧井雅美、福山芳樹等人。

癮了。

上面說的是沒有約的假日情形。我還挺貪心的，還想和朋友出去玩。想去遊樂園，KTV也不錯，還想去看電影。想來個時髦的下午茶時光，想去逛街，也想去旅遊。不僅得去聯名咖啡廳，還想去參加活動！當然也可以一個人去，但是我比較喜歡找朋友同行。

原因是，預想的和諧狀態會瓦解。

無論是工作日還是假日，最有趣的瞬間就是預想被顛覆的時候。

幾年前，我和朋友一起去京都旅遊，而那趟旅程從一開始就不斷出現突發狀況。在新幹線發車前十分鐘，只有我和另一個人抵達車站，其他人全都遲到。我們等到最後一刻，忍著反胃感全力狂奔到新幹線月台，總算搭上車後卻有人把車票弄不見，又一個突發狀況。叫那個沒搭上車的人在京都車站等我們，結果卻在車站裡迷路，找不到彼此，又一個突發狀況。為了趕上和服體驗的預約時間，費盡千辛萬苦攔到了計程車……諸如此類，一個人的時候絕對不會碰上的緊急任務接踵而至。真的超級有趣，讓我笑得停不下來。

如果是想要欣賞該地的風景與文化的話可以一個人去，但如果是為了娛樂，與朋友同行可以滿懷期待地看哪個人會用什麼方式摧毀精心規劃好的行程。我甚至想以此為目的來安排行程。

雖說如此，要擠出遠遊的時間實在太難，這個計劃沒有那麼容易執行，因此我們大多都是約在東京都內。

在寫這本散文集的時候，新冠疫情尚未得到控制，所以我們通常都是去看電影。看完電影後，再去朋友家一邊吃飯一邊交流感想。

在疫情爆發前，我們也很常去ＫＴＶ。我有個朋友會跳完整的《他才是真正的網球王子》（あいつこそがテニスの王子様）的舞。還有一個朋友平常很文靜，說話也很小聲，只有在唱 JAM Project 的歌的時候音量會變成 120%，因為太好玩了，所以我每次都會找她來。

此外，我們也曾經租過房間，在裡面舉辦上映會。播放某人的推的演唱會ＤＶＤ，或是適合邊應援邊看的電影，自己辦一場應援上映也可以玩得很瘋。把房間光線調暗，敲打鈴鼓，揮螢光棒，真的非常好玩。我們也會舉辦萬聖節派對或聖誕聚會等季節活動。中午大家先一起去吃期間限定的可愛聖代，晚上則買食物帶去可以飲食的出租房間，精心變裝，然後大家一起拍照玩樂。

我們辦過形形色色的活動，從各種不同形象的魔女cosplay這種認真的活動，到超土穿搭錦標賽都有。大家都使出渾身解數穿出最土的穿搭，但是每個人都太土了，所以選不出第一名。順帶一提，我的參賽服裝是隨機印上薄荷綠和薰衣草紫的星星圖案的絨毛睡衣，外面搭一件很緊的條紋細肩帶背心，再穿上螢光黃的荷葉邊裙，以及淡粉紅色的直條紋褲襪。我把令人覺得「怎麼會有這種東西？」的單品全部蒐集起來，穿在身上。不行，我是絕對不會給你們看照片的。

聖誕節的時候，我們一起享用作品聯名的蛋糕，徹夜暢玩《任天堂明星大亂鬥》，並根據拿到第三名的人就去洗澡的規則，輪流去洗澡。

一個晚上把故事模式較短的遊戲破關的聚會也很好玩。雖然最後已經變成競速破關，根本沒人在管劇情，但這是一個消化放置已久的遊戲的好機會。主推類型完全不同的朋友們聚在一起，舉辦我推介紹會的時候也玩得很瘋。大家的主推類型五花八門，有偶像、歷史人物、音響機器等等，是一場極其混亂的聚會。

大家準備的資料都超級厲害，報告技巧也很優秀，這部分相當有趣。

就像這樣，若是假日與朋友有約，我都會玩得很瘋。在疫情爆發之前，通常都會找很多人一起玩。希望各位拿到這本書的時候，疫情已經趨緩了。

而這樣的我，其實到高中為止朋友都不多。之所以如此，是因為我對朋友的定義相當嚴格。

去哪裡、做什麼都要一起。兩人之間沒有祕密，一定要把對方當成唯一的好姊妹。只要認定彼此是好姊妹，就一次只能交一個朋友。當時我甚至還認為這才是正經的朋友關係。

然而上了大學後，大家選的課不一樣，而我又常常因為工作而不在學校，因此好姊妹關係很難維持下去。剛上大學的那陣子，我還曾經一個人吃便當，一個人去上課。

說起來，我從來沒嘗試過別人常說的廁所飯。據說廁所飯的意思是，覺得被別人看到自己一個人吃便當很丟臉所以躲在廁所吃，但是我並不覺的一個人很丟臉，所以總是大大方方地一個人吃飯。

不過，一個人還真的是既自在又平靜無波。這樣的日子令人感到厭倦。於是我開始把能夠分享快樂的人全都定義為朋友。此外，也開始會根據活動內容邀約不同的朋友。

例如，一起去看電影會特別開心的朋友，去遊樂園時會告訴我如何有效率地玩遍遊樂設施的朋友，玩線上遊戲時就找可靠的朋友，去旅遊就找最會引發突發狀況的朋友……諸如此類。

每個人喜歡和擅長的東西各不相同，每個人的特質所帶來的歡樂也都不一樣。發生的突發狀況，也會因為一起玩樂的朋友之間的關係而有所不同，所以要組成什麼樣的隊伍也很重要。

偶爾也會遇到那種無論成員有誰，找他來玩什麼都會超級有趣的人，簡而言之就是全方位無死角的朋友高手，但是這種人非常稀有。我必須提醒自己不要太依賴那個人。

我有同行的朋友，也有大學時代的朋友、玩線上遊戲認識的朋友等等在各種不同地方交到的朋友。每個人都非常有才，也很有趣，這群超棒的人隨時都會與我分享意料之外的歡樂。我希望自己在他們眼中可以一直是個有趣的朋友，所以才會不斷盤算下一個假日要安排什麼樣的娛樂活動。

我與阿宅與我推

推活是我人生中不可或缺的一部分。自從幼兒園喜歡上美少女戰士，直到現在，我的人生中從沒有過沒有推的時光。

我會玩遍有我推登場的遊戲，吸收那裡學到的知識，去聯名咖啡廳，參加活動，購買周邊商品。光是有推存在，生活就一下子豐富起來。

阿宅的進行推活的方式有很多種，而我屬於同時進行好幾種不同領域推活的類型。我稱之為並列宅。

反之，一生只鍾愛一個領域的人則稱為直列宅。在直列宅的眼中，並列宅也許看起來喜新厭舊，但我們並不是感到厭倦，而是當下最熱衷的領域會不斷輪替……大概是這種感覺吧。就像四季更迭一樣。即便是同一塊田地，不同季節種出來的作物也會不同，不是嗎？就是這個概念。

偶爾我也會發現自己對作品的解讀和官方有所出入，因而脫粉，但我還是無法討厭它。應該可以形容為，我的田地土壤不適合種植這個作物。就是這樣，我過著享受我推隨著四季（不代表是四個）變換的生活。

每個人愛推的形式也各有不同。有人會把對方當成自己的男女朋友、有人會表現得像運動員的輔助員，有人會表現得像對方的製作人，也有人把對方當成神信仰。每一種心情我都能理解，而我自己通常會是信仰型。我經常把推當成另一個次元的神明崇拜。

我推的主要是二次元角色。因此，我一不小心就會對擁有二次元的獨特魅力，同時在三次元也能令人產生共鳴的角色產生信仰。

重申一次，戀愛型、輔助員型、製作人型的心情我都理解。畢竟除了信仰型，我也有過偏向愛情型的經驗。有各種不同的愛法，是很棒的一件事。

尤其是，我自己也屬於作品內容，所以每天都能感覺受到來自各位粉絲的形形色色的愛。有每次活動都會寫情書給我的粉絲、超級正向看待我的想法並全面肯定我的粉絲、幫我考慮如何提升演技的粉絲，真的是什麼樣的人都有，任何形式的愛都值得珍惜。

當自己作為阿宅站在粉絲方的時候，有時候會擔心在這麼大的作品當中，我的應援真的有幫上我推嗎……但該說是這份工作帶給我的額外收穫嗎？至少當自己站在被支持的立場時，大家的應援給了我非常非常大的幫助。由於不是二次元，所以我得到的都是相當直接的幫助。只要有一則留言、一封信、一個讚，我就能鼓勵自己繼續努力下去。

這是千真萬確的。愛上某個人，並試圖將這份心意傳達給自己愛的對象，是一件很棒的事。

每個人都不同，每個人都很棒。我與阿宅與我推。　悠木碧。

換個話題，請問大家是什麼時候愛上自己的推的呢？是看到對方可愛動作的時候？對到眼的時候？在故事裡死於非命的時候？看見對方絕美容顏的時候？與對方產生共鳴的時候？

有多少阿宅，有多少作品，就會有多少種邂逅的故事。以前在某次CD上市活動上，我問大家最喜歡我飾演的哪一個角色。即使是同一個角色，每個人與之邂逅的形式也各不相同，能感受到蘊藏於形形色色故事之中的熱情，所以我對此非常感興趣。感覺自己好像窺見了大家的內心深處。

順帶一提，如果你有很多個推，這些推是否有共通點呢？比方說外表、屬性等等。有時候某個特定類型總是會剛好戳中你的萌點，對吧？我是在這方面非常難懂的人。野獸、少年、少女、硬漢、眼鏡、帥哥、大姊姊、機器人。推的性格也涵蓋弟弟系、毒舌系、冷酷系、調皮系……等等五花八門的類型，而這本書的一開頭就提到了自我分析，所以無論是多麼沒營養的心理，我都會試著努力解讀一次看看。

因此我試著思考了一下，自己是從哪一個瞬間，開始認為那個角色是我推的呢？

雖然我一路走來遇見了很多的推，但其實從來沒有一次是僅憑第一印象就認定這個人的。

換句話說，我對外貌沒什麼特殊要求。而且從野獸到硬漢，我什麼類型都喜歡。不過，我會希望有背景故事來支撐其外在形象。能打動我的，不是可愛或帥氣的外表，而是能讓觀眾感受到那個人的背景故事的設計……這麼說起來，我喜歡的是內在囉？可是我推的性格差異也相當大。這個人是如何形成這個性格的？性格與事件有沒有好好地連結在一起？感覺這些因素會關係到我的感動程度。

雖說如此，由於從事我們這一行的人就算遇到相當誇張的設定，也能夠想辦法給出合理的解釋，所以有時候跟別人談論這種關於性格連貫性的事情，對方會很難理解。

說句題外話，在思考自己過往所有的推的現在，腦中浮現了好多喜歡的事物，好幸福。

回到正題。我不斷設法尋找我推的共通點，最後終於找到了。從過去到現在的每一個推都具備的共通點，也就是我的萌點。那就是……

「笨拙」。

我覺得這一點說明了一切。他們都擁有一種不幸體質，會刻意去選擇「選了這條路最受傷的人一定是你！」的那條路。不管做出這個決定是因為愚蠢，還是因為理想都可以。我就是喜歡這種笨拙的角色。一開始我也想過「會不會是反差萌」，但是我也非常非常喜歡那種一看就覺得會把事情搞砸的角色，之後也不負眾望地把事情搞砸的情節。二次元角色是從人們的憧憬中誕生的，因此通常應該會比現實的人類優秀才對。他們的長處會被誇大地描繪，我們憧憬他們的長處，對他們懷抱著尊敬之情。而如此優秀的他們卻因為過度強化單一長處，導致其他方面顯得笨拙，這種情節最棒了……

比方說，明明會痛，卻因為擁有卓越的生命力而沒有意識到自己正在自我犧牲。因為太過善良，理解大家的心情而無法做出選擇，只能獨自苦惱。明明想要把自己的能力用在重要的東西上，卻用力過猛，直接弄壞了那個東西。個性過於單純，什麼事情都要插手，所以總是受傷。

雖然程度不一，但是這種在現實人類身上看不到的極端設定，超凡之人才會感受到的痛苦，實在太夢幻了……！不管是知道自己正在受苦的類型，還是沒有察覺的類型，都很惹人憐愛。

要求更苛刻一點的話，如果那個人最後對於自己選擇的道路感到滿足，內心的我就會激動地為他起立鼓掌。全場沸騰！激推確定！他會不會從失去中得到教訓並重新站起來？對於當時自己為了理想而採取的行動，是不是從一開始就沒有後悔？

因為笨拙而失去一切的他們，會在一片荒蕪之中發現什麼全新的寶石呢？我希望他們綻放出現實人類絕對不可能綻放出的光芒。而我會向這個故事獻上信仰。

就算在別人眼中它是徹徹底底的壞結局，對我來說依然是好結局。

沒錯！我最喜歡！背負著 merry bad end*業障的角色了！因為實在太喜歡，我以前甚至還出過以 merry bad end 為主題的迷你專輯*。這是我不可動搖的萌點。

我突然有一種背脊發涼的預感，覺得要是現在沒有補充說明，之後會招來巨大的誤解，所以姑且提一下，我當然希望三次元的人都能活出無庸置疑的美好結局。二次元和三次元是完全不同的。幻想有幻想的好，現實有現實的好。如果它們沒有不同，活在現實的人們就沒有特地去幻想的意義了！懂得區分這兩者是非常重要的。

到這裡為止，我針對自己對推的愛進行了自我分析。

原本我在決定應援的時候是不會想這麼多的，不過這次我實際感受到，思考自己為什麼會喜歡這個人、自己是怎麼看待並應援這個人之

*譯註：merry bad end為表現上看似幸福快樂，背後卻隱藏著悲劇或犧牲的結局。

＊以 merry bad end 為主題的迷你專輯
2013年由 FlyingDog 發行的悠木第2張迷你專輯《*Meriba*》。

後，我又更了解自己一點了。

要把這種虛無縹緲的感受盡可能精準地化為能讓人看懂的文章，實在很困難。對對對，這就是我現在的推感。搞不好在十年後、二十年後，我又會擁有不同的萌點。

讀幼兒園和小學的時候，我追求的似乎是夢幻且完美的推。這應該是投射理想中的自己並為此應援。不知從何時起，應援對象不再是理想中的自己，變成了想應援的他人。

搞不好推正是最能反映出現在自己的存在。

你的推是什麼樣的人？你被他的哪一點吸引？用什麼方式應援？你我今後會遇到什麼樣的推呢？可以做些什麼來應援現在的推呢？真是令人期待！

總而言之，所有的推，謝謝你們誕生在這個世界……萬分感謝。我也會為了能夠幫更多阿宅的推配音，每天不斷精進自我。

獸控覺醒

我想針對推這件事進行更具體的分析。被別人說了之後我才發覺，自己好像是所謂的「獸控」。獸控指的是喜歡身上有許多野獸特徵的角色的人。這麼說起來確實是，我小時候喜歡的角色，好像大多都是外表比較接近野獸，而非人類的角色。雖然感覺只是因為很常接觸到這類作品，但我們將之稱為命運……

我第一個喜歡是的獸人角色是索尼克（舊稱音速小子）。他是大家最喜歡的遊戲公司SEGA的吉祥物！以音速奔跑的藍色刺蝟。簡約又相當酷炫的設計也深深打動了孩子的心。由於索尼克是一款長壽作品，所以他在逐漸改變樣貌的同時，也推出了各種不同的遊戲。索尼克本身的外觀設計也有所改變，可以分為「經典索尼克」和「摩登索尼克」。

經典索尼克是點陣圖形式，剛登場時期的索尼克。外觀設計較為圓潤，表情豐富，相當討喜。遊戲也是橫向卷軸，操作簡單！不過也因為簡單，屬於需要具備操作技巧的高難度作品，所以現在遊戲本身的粉絲也遍布全球。雖然沒有故事劇情，索尼克也沒有自己的台詞，但是外觀設計亮眼又可愛，角色本身就很受歡迎，現在仍有許多周邊商品推出。

而摩登索尼克是從 Dreamcast 發行的遊戲《索尼克大冒險》開始開發的３Ｄ模型索尼克。改掉了過去的圓潤可愛設計，變成時髦帥氣的索尼克，遊戲本身也是以酷炫的音樂和沉重的故事所構成。這個系列吸引了許多新粉絲。索尼克自己也會說話、思考以及行動。索尼克不再只是玩家的分身，明確展現出了自己的人格。我也是從摩登索尼克開始喜歡上他的。

雖說如此，我一開始認識的還是經典索尼克。我的父母，尤其是父親非常喜歡電玩遊戲。父親的朋友們也很喜歡電玩遊戲，因此我有生以來第一次收到的禮物就是索尼克的玩偶！

啊，順帶一提，其實我的年紀幾乎和索尼克一樣大。我們家還留著一個挺大的索尼克玩偶和還是嬰兒的我一起躺在床上的照片。那時候的我比索尼克玩偶還嬌小。

那個索尼克玩偶是我小時候的最愛。自從我長得比玩偶大之後，我就會把索尼克放上從玩具反斗城買的洋娃娃嬰兒車，將帶有閃亮球球的髮圈綁在他尖尖的鼻子上，再為他戴上圍兜兜，最後用娃娃「POPO-CHAN」那種只要傾斜就會呈現出喝奶樣子的奶瓶餵他喝奶。

當然，那時候的我只是帶著純粹的心情在扮演媽媽，但是一想到我在無意識之中強迫索尼克扮演寶寶，陪我玩扮家家酒，就覺得很那個，嗯。該說是天賦異稟嗎？

後來透過《索尼克大冒險》這款革命性的遊戲，我才知道我的可愛寶寶索尼克，原來是個超酷的英雄。

沒錯，我就是在這時候見到摩登索尼克的。當時我應該是小學二年級左右，所以索尼克對我而言完全是個大人。他雖然溫柔，卻又自由自在、捉摸不定，明明是英雄，卻又不像是個英雄，只有當自己的樂趣和世界和平的利益一致的時候才會出手幫忙，這種任性的態度超級帥氣。

而我竟然把他當成寶寶……我產生了一種難以言喻的尷尬感。但同時也感覺到一股不能對爸媽說的竊喜。

被比自己弱小的人當成寶寶對待卻不能反抗的英雄。總覺得……很棒呢。獸控屬性就這樣在我心中慢慢地、確實地生根發芽。

進一步提高我的獸控程度的角色，是在《索尼克大冒險》的續作《索尼克大冒險2》中登場的敵對角色——夏特。他就是讓我明確察覺自己萌獸人的主犯。

相對於自由奔放、外向活潑的索尼克，夏特是為過去所困，冷酷又不願敞開心房的角色。他和索尼克一樣是刺蝟，跑步速度也一樣快。身體是黑色與紅色，有著銳利的眼神。一開始偏愛索尼克的我，甚至對夏特抱有一點敵意。然而隨著故事進行，我才了解他溫柔的一面、足以使他封閉內心的悲慘過往，以及那副身體裡隱藏的祕密。年幼的我說著：「之前說了討厭你，對不起！」一下子就愛上了夏特。

夏特是因為自己的一些苦衷而無法溫柔待人，必須逞強……知道這一點之後再重玩一次遊戲，不用說故事劇情了，就連遭到攻擊時的聲音、影片裡的小動作都變得相當討人喜歡。

這款遊戲本身的設計有點狡猾，開始玩的時候要先選擇英雄路線或黑暗路線。英雄路線是我們的索尼克與他的夥伴們的故事，黑暗路線則是夏特和他的夥伴們（？）的故事。在一個大事件中，兩方陣營都會面臨各式各樣的考驗，玩完其中一個路線後，再去玩另一個路線，就會知道敵對的那一方為什麼會採取那些行動。我想大多數的人都會從比較熟悉的英雄路線開始玩，所以會產生一種「抱歉當時沒有理解你……！」而一下子喜歡上夏特的感情，這可能是遊戲設計者精心設計的。我完全中計了……

對了，上一章提到的我推的共通點是「笨拙」，而夏特就是標準的「笨拙」型角色。

他是被科學家製造出來的究極生命體，擁有超乎常人的體能和永恆的生命。雖然從人類女孩身上學會了感情，然而女孩卻被捲入人類之間的鬥爭而身亡。夏特為了向殺死女孩的人類復仇而不帶感情地行動，但是內心深處依然保留著女孩教會他的溫柔。

所以他終究還是無法背叛人類。可是夏特卻不對任何人說清楚這一點，因此別人很難感受到夏特溫柔的部分。他明明是個被稱為究極生命體、具備高次元能力的生物，然而如此笨拙。真是太美妙了。

他的魅力會在遊戲中慢慢展現出來。與善於讓自己的幸福與他人的幸福達成一致的索尼克相比，徹底錯失自己幸福的夏特也很迷人，兩者的優點都有好好展現出來。

我為了盡量避免洩漏劇情所以寫得很簡略，但是這個省略的部分就是最感人的地方，所以還沒玩過《索尼克大冒險2》的人，務必要體驗看看！

以夏特為主角的外傳作品《夏特》也是對粉絲來說超讚的一款遊戲。裡面有很多能夠得知夏特對其他角色的印象，以及夏特是如何定義自己的珍貴描寫！而我最喜歡的地方是，他總是被索尼克毫不留情地捉弄……面對這種情況還要努力裝酷回應（包含我的主觀想法），這一點真的很可愛，希望大家也去玩玩這款遊戲。

到這裡為止，我們談論了精神層面和故事的部分，但是對一個獸控而言，造型也是不可忽略的。

索尼克系列的角色設計經過誇張化，凸顯出獸人特有的身體曲線和質感，真的非常優秀。

此外，我認為獸人最厲害的一點，就是不摸就無法得知其真正的質感。我是人類，所以我可以想像到觸摸人類皮膚是什麼感覺。可是每一個獸人的觸感肯定都不一樣，可能是毛茸茸的，也可能是光滑的。正因為與自己屬於不同種族，才會產生「任憑想像」的娛樂，不是嗎？我認為不只是索尼克的角色群，其他獸人角色應該也是如此。

索尼克和夏特在作品中的設定，是外貌相似到連夥伴都會認錯，但實際上差異很大。索尼克的肚子和手臂部分是光滑的，而夏特是毛茸茸的。胸口還有白色的絨毛。就算是相同種族，質感也完全不同。

要是我拚命拜託索尼克讓我摸摸看他光滑的肚子，那會是什麼樣的觸感呢？是像海豚那種光滑嗎？還是像真正的刺蝟肚子一樣，覆蓋著薄薄一層的毛……？是溫暖的？還是冰涼的？夏特胸口絨毛的質感是像貓咪一樣蓬鬆柔軟?還是像柴犬背後的毛一樣,意外地堅挺?抑或是gelato pique帽T那種軟綿綿的觸感……?

野獸本身的美、讓人想像自己走進畫面的體驗、能夠和與人類明顯不同的生物交流的興奮感,以及人類所無法體驗的未知「優點」,這一切全都濃縮在獸人身上。來吧,你也從明天開始加入獸控的行列吧!

萌點是神明

二〇二二年的夏天，我非常勤奮地跑電影院。這年夏天有很多厲害的電影上映，電影院門庭若市。

我也搭上這股熱潮……不，我是一直去重刷同一部電影。有一部電影的主角是我最愛的推，我想趁著能在大銀幕上欣賞的時候盡可能多看幾次。

在工作結束後，或利用空檔時間，我竭盡所能地重刷了二十四次。

我反覆重刷的電影，就是MCU（漫威電影宇宙）*作品之一的《雷神索爾：愛與雷霆》。我看二十四次，哭二十四次。

因為我超級喜歡索爾。

＊MCU（漫威電影宇宙）
美國電影公司—漫威工作室推出的系列電影。該系列是由漫威漫畫中的角色擔綱演出的跨界作品，從《鋼鐵人》開始，直到二〇二三年的現在，已經推出超過30部作品。

「雷神索爾」系列是以北歐神話為藍本創作而成的美國漫畫，索爾是雷神，是以北歐神話中的索爾為藍本創造出來的角色。他是諸神之國阿斯嘉的第一王子，擁有英俊的容貌和無與倫比的強韌肉體，帶著只有符合資格之人才拿得起來的最強槌子——妙爾尼爾，是能夠操縱雷電的超級英雄。

雖然他愛惡作劇的弟弟——洛基好幾次都差點毀滅了地球，不過不要太在意這些細節的話，他算是擁有一個熱鬧的家庭，可說是集所有優點於一身的存在。搞不好他就是「我超強」系的鼻祖。真的超強。

但是MCU作品是不會讓故事僅止於「我超強」的。他接下來要踏上的，可是一條充滿險阻的道路。

索爾在系列電影的第一部到第四部之間，失去了所有珍視的東西。家人、國家、武器、戀人、自尊。因為他是最強的，所以無論受挫多少次，都必須重新站起來，作為英雄去拯救世界。雷神索爾這個角色，不僅要與神明同心協力，還要與人類、外星人以及鋼鐵人等英雄攜手戰鬥，打倒強大的敵人。

我是在MCU系列電影於日本上映之後，才認識索爾的。

當初我甚至連漫威漫畫和DC漫畫都分不清，只知道好像有超級英雄在電影裡一起戰鬥。而且好像全世界都在為此瘋狂……我的認知僅止於此。

我的父母很愛跟風，只要是熱門的電影，他們基本上都會去看，似乎不大在乎看不看得懂劇情。《復仇者聯盟》也是我們全家一起去看的。雖然我是個標準的跟風仔，但是電影劇情容易理解，畫面也很磅礴，所以我徹底被迷住了，那是一次非常充實的觀影體驗。

那時候我還沒有特別推誰，角色只認識浩克，所以看電影時只帶著「浩克加油～」這種程度的心情而已。

我喜歡上索爾的契機是雷神索爾系列的第三部電影《雷神索爾：諸神黃昏》。

這次也和之前一樣，是受到我那愛跟風的父母之邀，我剛好有時間，所以就和他們一起去看了。因此我去看的時候完全不知道前面的劇情。但是我看完的時候感到非常非常地滿足。搞笑和嚴肅的平衡拿捏得相當好，最重要的是，索爾這個角色兼具搞笑與英雄特質，非常有魅力。

看完電影後，我們去蛋糕店HARBS坐坐，然後我不停地對父母說索爾有多可愛。

之後，我打算在有索爾登場的《復仇者聯盟：無限之戰》上映前看看其他部作品，於是開始補看雷神索爾系列。第一部《雷神索爾》描寫了明明強的要命卻有點不食人間煙火的索爾，學習如何當個強者的故事。雖然不食人間煙火的索爾常常搞砸事情，但是他做錯事就會馬上道歉，也很願意向人學習，是個超級乖的孩子，讓我對他的好感度大幅提升。我從來沒想過一個一千五百歲的神明，會讓我產生默默守護鄰居小孩的阿姨的心情……

接著是重看《復仇者聯盟》（復仇者聯盟系列第一部）。這次我是為了索爾看的，所以以前憑感覺看的時候，印象大有不同。

索爾對於大鬧紐約的洛基一如既往地縱容，這種哥哥感真的超可愛。還有一個場景是索爾依照美國隊長的指示打雷在鐵塔上，這根本是寶可夢嘛（好可愛）。

去吧！索爾！使出雷電！

下一部是《雷神索爾：黑暗世界》（雷神索爾系列第二部）。在這部電影中可以看到最英俊聰明的索爾。隨便截圖都美到像一幅畫。神明……好強……好棒……以往總是依循「力量就是一切」原則行動的索爾，這次利用團隊合作來面對敵人。這是他唯一一次制定出了像樣的戰略，後面就再也沒有了！可以看到他為了成為國王和自己力量的事情非常煩惱，這副模樣真的好可愛。

接下來是《復仇者聯盟：奧創紀元》（復仇者聯盟系列第二部）。看到完全成為地球之友的索爾依照美國隊長的指示，與隊友默契絕佳地展開戰鬥，不禁覺得：「啊～交到了很多朋友，真是太好了呢！」不過後面的主線劇情沉重到足以趕跑所有的萌感，就不適合再繼續想這些了。

看完《奧創紀元》之後，我覺得其他英雄也好帥，想去了解他們，於是從《鋼鐵人》開始一部一部接著看。MCU這個坑不斷帶給我感動與發現，真是太厲害了。

最後我終於把《無限之戰》之前的所有相關作品都補完了，這部作品讓我敬佩不已，MCU實在太厲害了……

接著！就是《復仇者聯盟：終局之戰》（復仇者聯盟系列第四部）了。這一部是復仇者聯盟系列的集大成。然而在電影開始，索爾因為內心崩潰而脫離戰線，把自己關在家裡。其象徵就是那渾圓的身材。以前我一直認為索爾是神，所以就算放著不管也能維持著精壯的身材。可是當他不再戰鬥後，身體便開始退化，這不就代表以前的身材是他不斷努力戰鬥的證明嗎？當他內心崩潰時，觀眾才知道，原來那不僅僅是他與生俱來的力量，也是他不斷努力的成果，真是令人悲傷。看著這樣的他在全宇宙夥伴的支持下，拿著武器重新站起來的樣子，我打從心底為他加油。

《終局之戰》把全宇宙危機這個宏觀主題，和英雄個人的內心糾葛這個微觀主題的對比表現得很好，無論是多麼厲害的英雄，大家都在經歷磨難後重新振作，並找到屬於自己的答案，是一部很棒的作品。有些英雄會在這部作品中畢業，上映前有傳聞說索爾會不會也是其中一員。畢竟鋼鐵人和美國隊長的個人電影都是三部完結。而在終局之戰前，雷神索爾也已經出了三部電影，於是我抱持著這搞不好就是畢業典禮的心情看了終局之戰。其實我去電影院看了五次終局之戰。因此，當索爾會有第四部《雷神索爾：愛與雷霆》的消息發布時，我真的真的真的很開心，我幹勁十足地想著：「不管發生什麼事我都要全力應援！」

在我心目中，索爾最大的魅力是強者的餘裕。作為強者被養育長大的索爾，基本上對任何事都沒什麼警戒心。打個比方，就像是一群獅子在疏林草原正中央翻肚子曬太陽一樣。兔子要是這麼做，馬上就會被吃掉，但是獅子沒有天敵，因此也無須警戒。面對任何人都能立刻敞開心房的樂觀開朗；無論遭到背叛多少次，都能原諒的對方的開闊胸襟；一旦察覺自己的錯誤，就立刻承認並學習的老實，這些都是天生強者才擁有的餘裕。

但是換個角度來看，這也意味著破綻百出。他遭遇好幾次背叛，每一次都讓他失去了珍貴的東西。能在毫無防備的狀態下活下來，全都是因為索爾的強大。周遭的人要是被捲入他那個程度的事件，根本無法活下來。於是索爾一次又一次送別重要之人，他那「笨拙」的模樣，真是令人著迷。

這可能多少帶有一點個人偏見，但我認為開朗型的人基本上都比較精明。上一篇提到的索尼克也是徹徹底底的開朗型，而且給人非常精明的印象。索爾也是那種在班上一定會當校慶的活動總召，還會被各種運動社團找去當臨時代打的開朗型同學。然而他竟然這麼笨拙?!這令我相當感動。即使如此依然無法停止守護他人、愛人的英雄特質，又進一步加強了他的飄渺感。之所以會想要去愛人、去守護人，都是因為自己曾經被愛過、被守護過。也就是說，不管傷得多重、失去了多少，索爾依然無法捨棄自己受到那些人疼惜的記憶，還是想要回應他們的愛。

當英雄真命苦。可是，這些特質真的很令人著迷。

遍體鱗傷卻無法放棄愛，強大卻又莽撞，最後又受了傷，即使如此還是會找到愛並活下去，這個笨拙地無可救藥的可愛神明的身影，全都濃縮在《雷神索爾：愛與雷霆》的一百一十九分鐘裡。

明明是英雄，卻到處都是缺點；明明是神明，卻還在學習成長。看到他這個樣子，身為區區人類的我，就只能推了。

寫的時候我有注意盡量不要洩漏劇情，應該沒有洩漏吧?!如果可以聊劇情的話，我恐怕會用掉五章的篇幅，所以這樣也許比較好。

我推「存在過」

炫耀我推有益健康，所以我要繼續聊。

隨著人生的演進，我遇到了許許多多的推。由於沒辦法全部說完，所以我艱難地篩選出幾個人。

其中最不容忽略的，應該是《Fate／Grand Order》俗稱FGO的推們。

相信很多人都知道，但姑且還是說明一下。FGO為Fate系列*的其中一部作品，是一款長銷手機遊戲。

主角會召喚名為從者的使魔，與他們一起展開找回失去的人類歷史的行動「人理修復」，而從者都是神話英雄或名留青史的偉人。遊戲性

＊Fate系列

TYPE-MOON公司以2004年發售的文字冒險遊戲《Fate / stay night》為中心推出的角色作品。悠木飾演2013年發售的角色扮演遊戲《Fate / EXTRA CCC》的吉娜可．加里吉利、2015年推出的手機遊戲《Fate / Grand Order》的沖田總司、酒吞童子、伽內什、伊吹童子、迪亞馬特等眾多角色。

自不用說，這部作品的故事深度、對每個角色的縝密描寫都非常有魅力，直到現在，每次有新篇章發表，就會有某個村子燒起來。

啊，村子燒起來是指，喜歡那個角色或那段劇情的人們因為感動過度而開心到難以自持的狀態，並非負面意思。

Fate系列讓我最喜歡的一點，是可以透過召喚歷史偉人、神話人物出來戰鬥的系統，看到各種角色彼此合作的樣子。在Fate系列中，神話裡彼此敵對的人物會暫時攜手合作，出處完全不同的人物會對彼此產生戲劇化的共鳴。可以體驗到上至神明，下至人類的壯麗同台演出。

我在Fate系列中第一個喜歡上的角色，是印度史詩摩訶婆羅多裡面的大英雄——迦爾納。他是一個半神半人，身披無法卸下的最強黃金鎧甲，手持一擊必殺之槍的從者。

摩訶婆羅多講的本來就是一個爾虞我詐的壯烈戰爭，而作為主角敵人登場的迦爾納又有很多暴力的情節。然而，裡面也描寫了只要有人需要，他就會滿足所有人期望的英雄特質，以及貫徹戰士矜持的態度，是兼具殘酷與溫柔兩個極端的人物。

而Fate系列採用了他英雄的那一面。他雖然溫柔、公正又強大，但是因為太過不拘小節，反而招來他人的誤解與厄運，但是他都會用樂觀的視角來看待這些結果，是非常符合我喜好的角色。他是我目前遇到的推之中最笨拙的一個，也是運氣最差的一個，但是他比任何人都穩重，幾乎已經到達開悟的境界，因此看起來很幸福。擁有意志之物的終極狀態，應該就是迦爾納這種精神結構吧！我為他應援的心情已經超越尊敬，到了信仰的地步。

其實我一開始並不是在玩遊戲的時候認識迦爾納的。而是作為聲優參與《Fate／EXTRA CCC》這個遊戲的製作時。

我在這部作品中飾演的角色吉娜可．加里吉利，她是個非常有人情味的女孩。而吉娜可．加里吉利召喚出來的從者就是迦爾納。因為自身喜好而影響演技的表現是不可取的，所以每一部作品我都會努力認真地錄音。不過這部作品真的讓我留下了非常深刻的印象，錄完音後依然念念不忘。雖說如此，我當時也沒想到迦爾納會成為我推。只是看到他展現出真英雄該有的樣子，覺得很感動。

過了一陣子，我有幸參與了ＦＧＯ的製作，後來在朋友的推薦下開始玩這款遊戲。這時候她向我推薦迦爾納，啊——！我知道這個人——!!於是我就在完全不了解ＦＧＯ遊戲方式的情況下，為了遇見迦爾納而踏上人理修復之旅。

迦爾納不只出現在ＦＧＯ，在Fate系列的其他作品中也有登場，所以我得玩其他遊戲，還得看動畫，ＦＧＯ之後也會持續舉辦期間限定活動，於是我一邊發出歡樂的尖叫，一邊忙碌地進行推活。

我甚至開始接觸作為其原出處的摩訶婆羅多和印度神話，雖然事態已經快要控制不住，但是天底下有這麼幸福的事嗎？由於還有很多需要學習的東西，我想慢慢繼續深掘下去。

接著，有一顆新星突然出現在信奉迦爾納、沉迷於FGO的我面前，他就是新選組總長——山南敬助先生。

由於山南先生是以歷史人物為原型創造出來的角色，所以我總是忍不住會加上敬稱。山南先生是與擔任副長的土方歲三先生一同支撐新選組的人，是個劍術高手，擁有兩種劍術的免許皆傳*。據傳他個性親切，附近的人都很喜歡他。然而他卻在新選組的全盛期違反局中法度*「不可脫離組織」的條文，展開逃亡，最後被抓到，切腹自殺。關於他逃亡的原因有各式各樣的臆測，比如說與土方先生意見不合，或是為了抗議新選組的運作方式之類的，但是真正的原因恐怕只有山南先生本人知道。

我以前只追完全架空的角色，對我來說，實際存在（過）的推非常新鮮。當然，我不會將虛構作品中的角色與現實中的人混淆，但是包含這種感覺在內，對我來說都是初次體驗的感動。

*譯註：免許皆傳為一個流派中最高級別的證明書，意思是「全部傳授的證明」。

*譯註：局中法度為新選組隊員需遵從的紀律規範。

說來丟人，其實我對日本史不太熟。雖然知道新選組，但是在FGO裡看到山南先生之前，我都不知道有這個人。由於我在FGO裡負責的角色是沖田總司，我抱著「要好好看看沖田先生活躍的劇情！」開始玩期間限定活動，然後在這裡突然遇見了山南先生。在由一群活潑的角色交織而成的搞笑劇情中，他那既不完全參與，也不潑大家冷水的成熟應對方式，讓我留下了深刻的印象。

而更引人注目的是他的立繪*。那淡淡的色調與溫和的表情，擁有其他角色所無法比擬的飄渺感……當時搜尋「FGO 山南敬助」，預測查詢字串甚至會出現「未亡人」。不過山南先生應該是沒有結婚的。

以搞笑揭開序幕的劇情在不知不覺間嚴肅了起來，陰謀四起，混亂至極。也得知一開始像是站在主角這一方的山南先生其實是敵人。雖然還是保留著一股飄渺感，但是他找到了生前沒能找到的答案，消逝而去。那經歷迷惘、動搖，最後逐漸接受得呈現方式，實在太有人情味，令人心生憐愛。

＊**譯註**：不含背景的角色全身站姿畫像。

儘管山南先生點燃了我心中猛烈的愛火，但他一開始是只會在期間限定活動登場的ＮＰＣ而已。雖然會感到寂寞，但我甚至覺得這更加強了他的飄渺感，所以還可以接受。

不過當活動結束後，那股突然湧上心頭的熱情便無處宣洩，讓我很是困擾。自己一旦陷進去就會停不下來，這件事我本人最清楚。於是我決定先開始重讀歷史。因為遊戲而對歷史產生興趣，感覺就像是混淆了遊戲和史實，是不是不太好……我曾這麼擔心過，但是如果什麼都不懂的話，就連區分什麼是遊戲、什麼是史實都沒辦法。

學生時代，我非常不擅長日本史。雖然考試成績不差，但那都是靠死記硬背，而不是對內容融會貫通而得到的分數。而幕府末期的政治動向尤其複雜，我曾為此感到很頭痛。然而一想到這段歷史與我推有關，就立刻變得有趣無比。

我在不知不覺中徹底迷上了幕末的歷史，大約過了兩年後，那一天突然到來。

山南先生作為可遊玩角色加入FGO了。

消息公布那天，我在為別的作品進行後期配音。錄完音後我打開手機的電源，收到了好多「恭喜」的LINE訊息……我才知道這件事。下班後哭著走在新宿街頭的經歷，現在都成了美好的回憶。

我依然繼續學習歷史，去京都看了新選組的展覽，也實際走訪了過去新選組屯所所在的壬生一帶。展覽上幾乎沒有展出山南先生的東西，但是帳冊上有他的名字，信件上也寫著他的名字，能感覺到他真的存在過，我覺得很開心。

與土方先生和近藤先生*有關的部分，則留下了一些非常有生活感的物品，生活到讓我害羞地心想：「這些東西可以這樣赤裸裸地展示出來嗎?!」

我也去山南先生長眠的寺廟上香了。在他本人的墓前，我不知道該說些什麼才好，於是在心中口吃了。不知道佛祖大人能多清楚地感知到

＊**譯註**：此指新選組組長近藤勇。

我們的內心。希望祂沒有發現我的手足無措。

如果以後有機會再去，我要更仔細地想好要說些什麼，告訴祂我在現代的日本生活得非常快樂！

史實上的山南先生自不必說，ＦＧＯ的山南先生也是好好作為一個人活著、作為一個人苦惱的「人」。在這一點上，他和我以前推過的所有角色都不一樣，因為他的原型是歷史上實際存在的人物，反而可能找不到正確的資訊。除非是相當不得了的大事，否則一個活在一百五十年前的人是不會留下什麼訊息的。

這反而更讓我實際感受到他是一個真的存在過的人。架空角色腦中的想法和採取的行動等等，都會有清楚的正確答案，但是真正存在過的人腦中的想法、行動的動機，都只有他本人才知道。也有可能連他本人都不清楚。這場美妙的邂逅，讓我知曉了幻想角色內心動搖的快樂。

化妝大小事

到目前為止，都還沒寫到像個女性聲優的內容，所以我想稍微寫一下這方面的事情。雖然不像別人那麼了解，但是我也像普通女孩子一樣，喜歡化妝品、甜點、減肥和時尚這些東西。不過我並沒有熱愛到精通的程度，比較像是「必須多少有所了解」這種意義上的興趣。

之所以會這樣，問題出在小時候的教育。小時候我有一個觀念，就是小朋友化妝＝不正經。

要是學校有同學化妝，就會被老師罵；在校外化妝，大人也不會給什麼好臉色。舉例來說，我還在當兒童演員的時候會化淡妝上電視，而我也看過附近鄰居發現我化妝，就挖苦我媽媽「竟然讓小孩子化妝……」之類的情景。電視台的化妝師為我上的都是適合小朋友的妝，所以並不會非常傷肌膚，我也會有一種變成大姊姊的感覺，所以覺得很開心。

因此，「小朋友化妝＝不正經」這個公式，就在我心中淺淺地扎下了根。我當時認為，最好不要提到化妝會讓人心情雀躍這種話題。小學高年級左右，比較早熟的女孩子都開始聊化妝的話題，而我甚至覺得，她們以後都會變成不良少女！

不過，被人在暗地裡講壞話的母親看起來絲毫不在意，這是我唯一的救贖。

我對化妝抱有心理障礙還有另一個原因。就是我很不喜歡女生之間暗中較勁這件事。

現在回想起來，從幼兒園時期開始，大家就會從擁有幾個角色周邊……之類的事情開始競爭；上小學後，開始競爭彼此擁有的亮亮筆數量；小學高年級到國高中這段期間，競爭化妝技術、時尚穿搭、有沒有男朋友；上大學後，不僅要比較彼此的男朋友，還要互相炫耀自己找到的工作有多好；接著開始比誰先結婚，結婚後比誰先生小孩，生了小孩後，又要開始比較小孩就讀的幼兒園排名。只要不脫離這個群體，未來就要這樣不斷競爭下去嗎？我感到一陣暈眩。

這場戰爭，我從一開始就居於下風。幼兒園和小學時期，我還勉強追得上大家，但是我知道自己從國中開始就有意識地在逃避這件事。

藝人的身分已經夠引人注目了，該說是為了避免衝突而盡可能保持不起眼的狀態嗎？或者該說是我討厭為了自己不怎麼在意的事情與別人競爭呢？若是我不太懂化妝和時尚，又對異性不感興趣，她們就不會把我視為競爭對手。就像是躲避球一樣。化妝不僅會被老師罵，還會與同學產生摩擦，所以我覺得化妝是一件非常罪惡的事。

然而這個想法在我成年那陣子改變了。畢竟成年之後，不化妝這件事就突然變成「邋遢」、「不配當社會人士」的代名詞了嘛！就連我們這種還算自由的業界也有這個潛規則，普通上班族應該更加辛苦吧？我不知道啊，沒聽說過這種事啊！不對，說實話，我其實有想過有一天必須化妝，可是沒想到那一天來得這麼快。我明明是想當個正經的乖孩子，社會的態度卻來了個一百八十度大轉彎，小碧好傷心……而我當然不可能一成年就突然變得很擅長在臉上畫畫。因為以前都是完全交給化妝師，所以我連順序都不太清楚，甚至連需要什麼東西都不知道。後來總算弄清楚有粉底、口紅、腮紅這些東西，但是妝前乳和防曬乳有什麼不同?!蜜粉和打亮看起來根本一樣啊?!眼影和眉粉不是一樣的嗎?!還有液狀的？怎麼回事？這個長得像蠟筆的東西是什麼～？話說我不會畫眼線啊～?!我整個人陷入巨大的恐慌。

我真的覺得，既然要把化妝當成出社會的基本禮儀，拜託學校教一下好不好……還有，我也希望學校可以教我們葬禮的禮儀、掃墓的規矩之類的。這些東西比微積分有用多了。應該吧。

糟糕，話題又跑遠了。我想說的是，我就像突然轉生到把化妝視為必備技能的異世界一樣……

我試著向母親請教，可是她也是不怎麼化妝的人，在我成年的時候，她已經習慣素顏生活了，所以我們兩人一起懵懵懂懂地研究現代化妝方式。我請教了Google大師，又去諮詢很擅長cosplay的朋友，工作上需要化妝的時候，我也會觀察專業化妝師的上妝順序和手法。用超級特快車的速度在學習。

試著學習之後，才發現化妝既深奧又有趣。我本來就喜歡畫畫，還曾經在娃娃的臉上畫畫，所以一旦掌握訣竅，接下來就很好玩了。網路上也有很多化妝教學影片，讓我開始想挑戰各種妝容。

在這之前，我一直以為大家化妝是為了跑在女生戰爭的最前線，現在才知道不是這樣，也有很多人是在享受化妝這件事情本身。

現在我只能做到使用比公司平均值稍微濃一點的眼影、使用彩色睫毛膏……這種小小的自我主張，但是如果未來有機會，我也想挑戰像藝術彩妝那樣，把臉當成活畫布來彩繪的妝容。在寫書的此刻，我最中意的是酒紅色系妝容。我的個人色彩是冬季型，酒紅色很襯我的膚色。這個顏色比較濃烈，畫上它需要一點勇氣，但是我小心翼翼地嘗試之後發現效果意外地好，我非常喜歡。

說個題外話，與作品聯名的化妝品大多都是粉紅色系，和我的膚色真的很不搭。很想用我推的化妝品好好打扮一番，可是我推的顏色卻不適合我……雖然我還是因為可愛而買了啦！

對了，除了女生之外，也有男生在讀這本書嗎？最近對化妝感興趣的男生愈來愈多了，不過應該也有人遲遲提不起勇氣，或是根本不感興趣吧？

我之所以會這麼想，是因為看到了某個留言。

開始享受化妝後，我會不停地在「Twitter」發文說「我換睫毛膏囉！」或「我換唇膏囉！」之類的。想在某處記錄下自己快樂的心情。可是總會收到一定比例的「不化妝也很可愛」這類留言。

別誤會，我是很感激的喔。被誇可愛是不可能不開心的……不過我覺得，留下這則留言的人和我，對化妝的想法可能有著根本上的不同。我想他可能覺得化妝是一種隱藏自卑的行為。

我非常能理解這種感覺。因為在對化妝產生興趣之前，我也是這樣認為的。

化妝的力量確實很強大，如果只是小小的自卑，只要化妝就能輕易解決。我也經常用化妝去彌補自己覺得不夠完美的地方。其實還有整型級別的化妝術喔！叫我直接去整形？不要啦，感覺就很痛。

不過在我看來，改善缺點只是化妝的事前準備。

運動員比賽前不是都會冥想之類的嗎？大概就是那種感覺。就像是……切換模式一樣。也很類似要去看喜歡的藝人的演唱會時，穿上演唱會周邊T就會切換成「今天要好好享受演唱會！」的心情。

而且，再加上自己的調整，它就會變得更符合自身的喜好，這一點也很有意思。舉個和我體驗過的感覺很相近的例子，就像是重新塗裝*鋼彈模型。當然鋼彈原本的樣子也很帥氣，但是加上陰影，再自己貼上轉印貼紙*的鋼彈模型，是世界上僅此一件的寶物，對吧？這個體驗本身也是。這時如果有人說「剛彈模型不重新塗裝也很帥」，會覺得很沮喪吧。

雖然化妝也有一部分的原因是想被稱讚可愛，但是硬要說的話，我覺得花時間讓自己的臉蛋變成寶物的體驗是最重要的。

不過這是一種沒體驗過不會了解的快樂，所以會產生誤解也是無可厚非的。畢竟，我並不覺得那些留言的人對我有敵意啊。

對了，對化妝沒興趣的人讀到這裡，可能會想：「那要說些什麼才好？」

＊轉印貼紙
也稱為水貼紙。在日本主要是指用再塑膠模型或一般模型上的貼紙，用來精確重現細緻的圖樣或LOGO等。

＊重新塗裝
塑膠模型或公仔的購買者自行為它們重新上色。

其實不用特別去碰自己不懂的話題，但是在生活中，有時候也會遇到不得不碰的情況，對吧？

其實說著這些話的我，擁有的知識也完全不及始終在前線戰鬥的戰士，所以要我說什麼意見，我也說不太出來。

這種時候只要說一句：

「我覺得今天的整體感覺很棒～」

就可以解決大部分的問題。雖然有種模糊重點的感覺，但是正因如此，無論對誰、在什麼時機都能派上用場。還有，對方會主動詢問你為什麼覺得整體感覺很棒，所以這也能成為開啟對話的契機。

不知道該怎麼辦的時候就用用看吧！

時尚是武裝

聊完化妝後，我想聊聊時尚穿搭的話題。與化妝不同的是，時尚是我媽媽最最最喜歡且最擅長的領域，所以我從小就對此很感興趣。

我很小很小的時候，是媽媽和奶奶的換裝娃娃，我總是什麼都不想地穿上她們為我縫製的衣服。當時我常常跟著父母去海邊，所以經常被打扮成度假風。就是可以搭配比基尼的休閒風服裝。那也是我人生中身上衣服布料最少的期間。奶奶喜歡給我穿蓬鬆飄逸的衣服，所以奶奶給我的衣服通常都是類似某老鼠王國的女孩子的洋裝。硬要說的話，我比較喜歡這種風格。

小學的時候，我非常喜歡精品童裝，例如Shirley Temple和

Mezzo Piano。現在看還是覺得很可愛。可是童裝是消耗品。我們家並沒有富有到可以讓我穿精品童裝，但其實還是有辦法取得！就是兒童演員朋友的舊衣服！

我從小發育就不太好，現在身高也不高。雖然對此感到有點自卑，但是能從同年齡的小朋友那邊拿到他們穿不下的衣服，也算是超級令人開心的額外收穫。雖然外人常說：「兒童演員界很黑暗吧……？」但是其中也存在這種溫暖的連結。

別人送給我超多蝴蝶結或荷葉邊的洋裝及吊帶裙、縫有絨毛材質貴賓犬圖案的煙燻色運動服、薄荷綠搭配深咖啡色的格紋百褶裙。那時我最喜歡的衣服現在仍然是我的心頭好。要是能回到十歲，我還想再穿呢。

接下來要說的事情可能會稍微跳脫時尚的範疇，大家還記得那種在腳踝處裝了輪子的運動鞋嗎……？它有點像直排輪的進化版，與直排輪不一樣的地方是，它的外觀乍看之下就像普通的鞋子。有一陣子非常流行，可是我的腳太小，沒有適合的尺寸。

但是我還是很想要，因此感到很沮喪，於是母親就幫我把輪子加在兒童厚底運動鞋上。現在回想起來，就覺得這個技術已經超越手巧的程度了。

這雙運動鞋我一直穿到穿不下為止。周遭的孩子都很羨慕我，讓我覺得有點驕傲。母親在此處也體現了「沒有就自己做」的精神。

上了國中、高中後，我很喜歡蓬鬆飄逸的衣服，開始嚮往蘿莉塔風格。可是真正的蘿莉塔服裝非常昂貴，所以我只會在裙子或吊帶洋裝的部分加入蘿莉塔元素。在日常生活中穿蘿莉塔服裝需要費很多工夫來保養，所以我平常的穿著還挺樸素的，但是前往徵選的時候，為了讓自己鼓起幹勁，我會穿上喜歡的蘿莉塔服裝。

我和竹達彩奈*組成的雙人團體petit milady*的製作人——工藤智美小姐還記得當時的情況。

＊petit milady
悠木和竹達彩奈組成的聲優雙人團體。2013年發行第一首單曲《鏡のデュアル・イズム／100%サイダーガール》出道。除了發表歌曲以外，還有主持廣播節目《碧與彩奈的le petit milady》（文化放送）。2019年起活動休止中。

＊竹達彩奈
聲優。代表作有《五等分的新娘》中野二乃、《K-ON!!》中野梓、《刀劍神域》桐谷直葉／莉法等等。

一個頭髮亂翹、穿著蘿莉塔服裝的嬌小女孩，憑藉驚人的演技橫掃所有徵選，那副景象就像動畫一樣……她曾對我這麼說。

直到國中畢業前，都是父母開車接送我到徵選會場，不過從千葉開車到東京這段時間我覺得很睏，所以在車上呼呼大睡。沒想到我的頭髮竟然亂翹！本以為自己當時充滿了幹勁，現在覺得好丟臉。要是那次徵選沒有上的話，我就只是一個普通的「頭髮亂翹又身穿蘿莉塔服裝的人」了……真是好險。

有了服裝師以後，我就開始能夠穿上很多自己拿不出來的漂亮洋裝。不過服裝就是武裝，不能只是可愛而已。必須配合體型，取捨選擇想隱藏的部分和露出來會比較俐落的部分。因為我比較矮，光是這樣就很難辦了，只要遇到小規模的拍攝工作，就必須修改衣服。

當初我不知道可以指定服裝師，每次都是由採訪媒體幫我找時間可以配合的服裝師來。因此每次我都要跟不同的服裝師打招呼。每次都要重新將尺寸、喜歡的服裝風格、這個花紋適合我的肌膚、這個不是花紋不適合……等等瑣碎的要求告訴服裝師，相當辛苦。於是我想既然要這麼講究，應該自己來才對，所以最後大部分的服裝都變成由我搭配了。

大學生時期我在《聲優Grand Prix*》的連載上，配合每個月的主題挑選服裝。當主題是甜點時，會要求我想像檸檬派、薩赫蛋糕、草莓蛋糕等當月的甜點顏色，以及其質感和口味，依此搭配服裝。

主題是星座時，我會與攝影師討論該星座的原型和神話的印象，準備包含小道具在內的東西。由於平常做的是只靠聲音的工作，所以這個專注於視覺呈現藝術的連載對我來說非常有趣。我覺得自己在這裡構思了一輩子的穿搭。

我平時穿的便服大多都以前穿過的舞台服裝。我會把相對較樸素的服裝，改造成讓人覺得「這應該是便服吧？」的休閒風格。不過我的眼睛慢慢習慣了舞台衣裝的華麗感，一個不小心就會把太過華麗的服裝當

＊聲優Grand Prix
由Imagica Infos編輯、發行，主婦之友社販售的月刊雜誌。創刊於1994年。是是專門刊載聲優資訊的雜誌，悠木的連載企畫「碧的五十音！」刊載於2010～2013年。

成便服穿，讓人心驚膽顫。

這個時期已經有了穩定的薪資，其實是可以自己買便服的，但問題不在於價錢，在於數量。我的衣服多到可以塞滿一整個房間。而且我的父母也很喜歡衣服，有時候衣服會多到放不下。

開始演藝活動一段時間後，我遇到了合拍的服裝師，從此之後就把服裝的事情交給服裝師打理了。一部分原因是進行演藝活動時常常需要訂製服裝，自己準備實在太過困難。由專業人士量身打造的服裝果然很厲害！讓人心情澎湃。

尤其是作為 petit milady 活動時穿的服裝，不管是租借的還是訂製的，都超級可愛，我超喜歡。我最喜歡的 petit milady 服裝，是在第四次演唱會上穿的，頭上有一個大音符的那件！甜美感和不可思議的可愛感融合在一起。雖然沒辦法一個人穿，但是和彩奈一起穿真的可愛到爆！質地也很講究，是從別處訂購過來的特別服裝。

雙人團體需要有統一感，所以通常都是全權交給服裝師打理；而個人活動時，我有時候也會參與服裝設計。我從小就很喜歡畫畫，也喜歡穿洋裝、欣賞洋裝，還曾經幫娃娃做過衣服，所以我覺得自己應該做得到服裝設計，然而……製作人類的衣服超級困難！

如果是插圖，可以不用考量物理法則，設計出自己喜歡的樣式。可是當它變成立體後，除了質料的厚度、質感以外，還有活動度、強韌度、穿上去會不會太重等等許多部分需要考量。就算過了這一關，還要遭遇一些想像不到的意外狀況，例如用肉眼看的時候是粉紅色，在燈光照射下透過螢幕看卻變成橘色！超級可愛的布料縫在一起後產生嚴重靜電等等。

我深深體會到，這方面的專業人士在設計服裝時需要考量的事情到底有多少。

最近我學到了不少這方面的知識，開始逐漸能夠享受這個解謎過程了。雖說如此，真正辛苦的是解讀我的訂單，並將其化為立體的服裝師和裁縫師……！一直以來受你們關照了。

令人開心的是，他們會對我說：「小碧的訂單很容易看懂，所以可以直接照著做出來，不過如果是這個樣式，妳是想做出這種效果，對吧？」、「妳一定很喜歡這個材質的閃亮感吧？」、「加入了很多從過去的關係中想像出來的巧思喔。」

在心愛的衣服上加入許多自己喜歡的元素，再加上某個人的心意，就成了最強的傳說防具！這讓我深深體會到，時尚就是武裝這件事。

就像這樣，持續參與服裝設計的工作後，現在我個人的衣服變得極致簡約。因為我也從機能和效率中發現了時尚。

有拍攝工作或要出席活動的時候，我會把服裝當成「武裝」，重視上相程度，但有一天我突然覺得，日常生活好像不需要穿上相的衣服吧……我發現方便清潔、可以天天穿，才是個人服裝不可或缺的元素。

沒錯，就像制服一樣。

我從史蒂芬．賈伯斯身上學到，首先要考量的不是衣服本身，而是要如何運用衣服。也就是買幾件同款衣服，然後每天穿的策略。然後要考慮布料是否容易磨損、是否方便再度購買、直接放進洗衣機是否容易產生皺摺、洗手的時候是否方便捲袖子、扣子是否夠少、萬一要去有點正式的場合，穿這件衣服會不會顯得失禮……等等，去挑選一套不會造成生活負擔的機能性服裝。

結果，雖然款式相當低調，但我覺得自己應該找到了適合自己生活的時尚。雖然每天穿同樣款式的會有點膩，但是利用飾品或香水等東西，也可以每天做出不少變化，意外地有趣。就我而言，有採訪和活動的時候還可以穿上華麗的衣服！

你相信前世嗎？

前陣子，聲優業界很流行前世診斷。因為覺得很有趣，加上想融入現場的氣氛，在它蔚為話題一陣子之後，我也做了診斷。

診斷的過程大概就是，坐在椅子上一邊聽著放鬆心情的音樂，一邊回答問題。

我覺得這大概是一種類似催眠術的東西，並不清楚其中細節。但是那種感覺非常有趣。

想著自己坐在椅子上、聽著音樂的自己，以及跟著老師聲音的引導飛到前世的自己，是同時存在的。前者一直活潑地吐槽後者，這種感覺真的很奇妙。我心懷防備地想著會不會說得很籠統，或是不小心睡著以至於沒看到真相，結果比我想像的還要現實，讓我嚇了一跳。

診斷結束後，老師誇我厲害，說我在很早的階段就進入狀況了，讓我莫名地開心。我在內心模模糊糊地想著，竟然連這種事都可以知道，付了錢走出診斷室後，滿腦子想的都是要怎麼把這些事情和大家說。

就結論而言，非常有趣。

我看見並感覺到比自己想像過的清晰一百倍的畫面，那個自己與我明顯是完全不同的存在，但我卻可以清楚知道那個人在想什麼。那感覺就像遇見了一個人，而我們理解彼此到令人感動落淚的程度。

當初大家在現場談論這些事的時候，我覺得是無稽之談，結果原來就像他們說的一樣，因此我非常感動。

此外，之前聽做過診斷的人說，大家的前世都和自己現在喜歡的東西或從事的工作有關，包含這種關聯性在內，都讓人覺得挺可信的。

演員的話，有可能是舞台劇演員、馬戲團成員，會不會也有芭蕾舞者呢？還有，造型師可能是布料批發商。

所以我也覺得應該會是這一類的。會不會是從是演藝工作的人呢？

結果，我竟然不是人類。

跟著老師聲音的引導，腦中浮現出一個風景，我將腳踩進水中，聞到了空氣的味道，然後回答：「都是灰塵味。」順帶一提，診斷室點著薰香，一點灰塵味都沒有。神奇的是，現實中的薰香味道，和另一邊的自己所感覺到的味道，兩邊我都能夠確實理解。那種感覺真的很難說明。

我環視四周，發現周遭一片漆黑，而且天花板近得要命。我心想：「這地方好狹窄!!」

接著老師要我看看自己的手，我的手有著粗糙的鱗片，手指又細又長。可是空間狹窄到沒辦法活動。

這時候我才開始覺得大事不妙，於是我問老師：「會有不是人類的狀況嗎？」而老師回道：「有是有，但是極為罕見，妳的手是什麼樣子？」我將前面寫的那些事情一一告訴老師，兩人稍微思考了一下，得出應該是蜥蜴的結論。

老師叫我去照鏡子，但是那裡沒有鏡子，所以我沒辦法看見自己的樣子。現在看見的狀況似乎是牠死亡的前一刻。時間慢慢倒轉，接下來的一切根本是奇幻故事。

我本以為是一隻蜥蜴，沒想到竟然是一隻龍。

不知道是雄的還是雌的。牠本人（人？）似乎沒有性別的概念，但是牠愛著一個人類女孩。

就說根本是奇幻故事吧。故事還挺完整的，像是在做一場清醒夢。

我前世的那隻龍，這樣叫起來太冗長了，之後就叫牠前世吧。前世原本生活在森林的洞穴中。牠討厭下雨，下雨的時候就會覺得很冷，縮成一團。這時候有一個小學生年紀的女孩子跑來玩，帶著水果和鮮花。前世很喜歡那孩子，可是沒辦法向她說話，所以就由女孩來說，前世只是心不在焉地聽著她說著自己在城鎮裡遇到的事。牠大概不知道點頭這個人類的規則，不過能聽懂對方說的話。不知道除了前世以外，那個世界是否還存在其他的龍，不過前世似乎沒有認識其他的龍。

回顧到這裡之後，又跟著老師的引導，依序想起（？）自己為什麼會在開頭那個地方迎接死亡。

女孩邀請前世來到城鎮。因為那天下雨，牠本來不想飛行，但是在女孩的央求之下，牠無奈地載著女孩飛到城鎮。

沒錯，我的背上有一雙巨大的翅膀。我會飛。

不過平時似乎不常飛行。久違地拍動翅膀後，感覺相當僵硬，這對現實的我來說很有趣。一直坐著不動的後腳，感覺就像寫了整天字的肩膀一樣。身體非常沉重，下雨也讓牠覺得既寒冷又討厭。不過女孩興奮地歡呼，於是牠便決定不計較了。

後來到了城鎮，城鎮非常狹窄。因為前世的身體很龐大。牠想把女孩放下來卻又做不到，陷入了恐慌。好不容易在類似廣場的地方把女孩放了下來，但是弄壞了石板路和牆壁，人類又很吵，牠陷入了更大的恐慌，把女孩從背上放下之後牠立刻就想飛走。

可是遭到建築物的屋頂阻擋，沒能順利起飛，於是牠攀上類似塔的建築物。呃……該怎麼說呢？塔的屋頂不是斜斜的嗎？那裡的瓦片崩落，所以抓不住，為了起飛而踩上去的話，塔好像會崩塌，這讓前世一陣手忙腳亂，而前世弄掉的瓦片砸到城鎮裡的人，應該是死掉了。

因此，牠被人類抓起來，用鎖鏈綁在地下。不過前世還挺釋然的，牠似乎覺得自己是怪物，所以應該乖乖待在這裡。

問我有沒有對這孩子產生共鳴，是完全沒有，不過想到牠是帶著釋然死去的，就有一種內心被救贖的感覺。

順帶一提，在做診斷前不久我玩了魔物獵人和寶可夢……應該跟這沒關係，大概。

老師說：「我們至少看到人類出現吧？」幫我稍微延長了時間，接下來我又飛到別的時間兩次，第二次是鳥（大概是候鳥，在與同伴競速的時候，不小心在冰山脫離了群體，最後凍死），第三次是海豚（住在一個類似遺跡的地方的一個巨大魚缸裡，興趣是對來訪的人潑水）。到了第三次，實在覺得對老師太不好意思，所以我沒有說自己是海豚，謊稱是人類，便結束了這次診斷。

最讓我頭痛的一點是，我覺得這一切實在是太奇幻了，絕對不可能是我的前世。如果我在工作現場說了這些，應該會打破大家對於「自己前世可能是這樣」的幻想吧。我覺得這樣不太好。不知道該怎麼向大家說明。

因為是人家介紹的，不能說自己沒去，而且自己之前也說過會去了，可是我也沒能體驗到人類前世是什麼樣子，所以沒辦法說謊。最後我就照實說了，還好大家都笑了，救了我一命。

我覺得我在那個診斷中看到的並不是真正的前世。因為歷史上雖然有過恐龍，但是沒有龍，而且就算我不是龍，而是恐龍，那個時代人類文明應該也還沒形成才對。

鳥和海豚雖然不能說是不可能，不過，嗯。不對，海豚待在遺跡裡的魚缸什麼的，還是很不現實。

不過，那些都是自己不曾看過的景色與感覺，並不是謊言或誇大。那究竟是什麼呢？做過診斷的大家這次在這個話題上聊得很開心。

假設我們看到的東西並不是前世。

如果是自己的理想，這顯得太過寂寞；如果是別人的事，又顯得太過了解對方的心情。最後我們得到的結論是，這可能是自己無意識下的想法以畫面的形式呈現出來。

可是。如果是這樣的話，意思就是我在無意識中認為自己是一隻龍?!這太丟臉了，我都笑出來了。永遠無法痊癒的中二病……

而且，無意識這一點讓我覺得更加丟臉。表現上再怎麼掩飾，內心深處依然覺得自己是一隻孤獨的龍……嗚哇！饒了我吧！

不過，先把是不是龍這件事放一邊。如果前世是無意識中的自我形象的話，住在遠離人群的森林裡、討厭下雨、接受自己被鎖鏈綁住的部分，難道都存在於我心中嗎？我的確不太喜歡下雨，但是大多數的哺乳類動物都是這樣的吧？本以為自己持續進行自我分析，已經把內心的森林整理得挺好的了，但是看來還是有很多尚未開發的領域。

順帶一提，除了我以外，也有另一個人的前世不是人類，她說她是生活在深海的貝類。我從她身上完全感受不到貝類的要素，難道她真的有貝類的一面嗎？我身上難道也有龍的一面嗎？

希望有一天可以走遍自己所有的未開發領域。

貓就是我的主人

龍、鳥、海豚，雖然我擁有這麼多種前世，但我還是覺得貓最好。你問為什麼，因為喜歡……？

首先，貓的外型設計就很天才。簡直是用最小限度的部位展現出最大限度的可愛，不是嗎？

又大又亮的眼睛、三角形的耳朵、展現豐富感情的尾巴、有著軟彈肉球的圓圓小手、小巧的鼻子、柔軟蓬鬆的毛。隨便舉出一個部位就很可愛了，而那個集合體還會縮成一球睡覺，透過抓東西來宣示地盤，一舉一動都帶著一流的小心機。

因為同時擁有這麼多可愛要素，所以那任性是可以被原諒的……甚至可以說是優點。貓的任性對我們人類來說是獎勵。

貓透過與人類共存、利用人類來繁衍後代，是一個非常堅毅卻又和平的種族。牠們變得愈來愈可愛，愈來愈容易與人類共存，如今牠們的魅力已經讓所有養貓的人類都成了牠們的僕人。

一想到那個嬌小身軀裡面的一切，都是貓經過不斷進化而獲得的能力，就覺得生物真的很厲害。

會說這麼多，當然是因為我家有養貓。牠在這本書中已經出現過很多次了。牠是一隻公的曼赤肯貓，名叫阿什貝爾。

牠有著純白的毛和大大的藍色眼睛，耳朵、肉球和鼻子是粉紅色的，超過十歲還是一副娃娃臉，是個放在二次元也可愛得驚人的孩子。我最喜歡的前輩——澤城美雪小姐也說牠「像動畫裡的貓」。

不過，在牠可愛的外表底下，其實藏著相當有男子氣概的性格。每天都要大步流星地巡視領地（客廳），確保安全，只要發現入侵者（蜘蛛或蚊子等），就會徹底驅逐。到了晚上，還會點名確認家庭成員是否到齊。

如果因為聚餐晚回家，沒趕上點名的話，牠會生氣地對我叫。在全員到齊之前牠會一直訓斥人類，到齊後牠才會放下心，走去有地暖系統的客廳正中央大方睡覺。牠的綽號叫「國王」。牠那毫不掩飾腳步聲、昂首闊步的樣子，讓悠木家的所有人都拜倒在牠的魅力之下。

順帶一提，我們的國王真的是天不怕地不怕，無論是遭遇突然的訪客、吸塵器的噪音還是震度五強的地震，牠都不為所動。發現驚慌失措的人類時，還會輕輕地把尾巴貼過來，彷彿是在叫你冷靜一點。

不過，看似所向無敵的阿什貝爾國王其實身體非常不好。雖然牠現在很健康，但是在牠被帶回我們家沒多久的時候，就被宣告活不過一年。先天消化能力低下、鼻淚管狹窄、重度聽力衰退。必須在指定的時間，讓牠吃指定分量的指定食物，還要經常幫牠擦拭眼睛和嘴巴周邊，以免遭到細菌感染。雖然這些例行公事也很勞神費心，但是硬要說的話，不得不逼著抗拒的牠接受治療才是最辛苦的。

這種時候還是母親最可靠。既然不這麼做牠就會死，那就算被牠討厭也必須去做，抱著這份決心面對牠的母親，看起來就像個戰士。養育過人類的人，膽量就是不一樣。成長為成貓之後，牠的身體強壯了許多，醫師說只要不過量，也可以餵牠吃「CIAO啾嚕肉泥」之類的東西當點心。

鼻淚管狹窄和聽力衰退雖然沒有痊癒，但是牠已經漸漸習慣我們幫牠擦拭眼睛周邊。至於聽力的部分，牠大概是透過仔細偵測震動和味道來彌補。

阿什貝爾也在用自己的方式，為了活下去而每天不斷學習。雖然阿什貝爾天生就帶有許多不方便，但也因此具備了其他貓所沒有的特質。

那就是先前提過的「天不怕地不怕精神」。貓是一種對聲音很敏感、警戒心很強的生物。但是阿什貝爾聽不太到聲音，所以成長過程中似乎從沒害怕過會發出巨大噪音的事物。從動物醫院的醫生口中聽到這個假說的時候，我才理解原來那不是障礙，而是牠的特色。

阿什貝爾用牠小小的身體認真生活的樣子，已經超越可愛，到了帥氣的境界了。與其他貓咪相比，牠一定遇過很多很難活下去的事情，但是一想到牠是不是不做任何比較，一心努力提升自己，就覺得不愧是我的主人～！啊～真是個好棒好棒好棒好可愛好可愛的小可愛～!!

……不好意思，我失態了。面對國王，一不小心就會變成這樣。

對了，說到貓的話題，就不能不提我爸爸。

我爸爸有一種只要有在呼吸就會被貓喜歡的特殊技能。聽說他從小就這樣，實在太令人羨慕了。只要去寵物店看一下玻璃窗，所有的貓都隔著玻璃跟我爸玩，大多數的野貓也會跑過來蹭他的腳。他甚至在野生動物園擄獲了獅子的芳心，讓獅子瘋狂舔舐車窗。

我爸簡直是木天寥的化身。

阿什貝爾也不例外，超級喜歡我爸。而我爸也很喜歡貓咪，所以他們兩情相悅。由於阿什貝爾是我們家的老大，基本上牠一進到客廳，所有人都會上前迎接，但是只有我爸上前迎接時，牠才會開心地跑過來。那模樣簡直就像狗狗。明明是貓咪，卻兼具狗狗的可愛之處，我們家的貓咪果然是天才。

當我爸回到家，直到放下包包坐下來的這段期間，阿什貝爾都會一直在他腳邊繞著八字蹭來蹭去；當我爸開始運動，牠就會踩上瑜珈墊進行妨礙……不，進行協助。當我爸在客廳看電視，牠就會坐在他肚子上。

順帶一提，當我爸先去睡覺或出差不回家的時候，我和媽媽的其中一人就會被隨機選來代替爸爸的位置。這明顯的地位差距雖然令人感到有點落寞，但是偶爾還是會拿到一點好處，所以完全沒問題。

讓我有點不能接受的是，我爸爸摸牠的方式絕對比我粗魯。他有時候還會揉牠的肚子，然後被貓貓拳攻擊。嗯，無法接受。

對了，阿什貝爾還只給爸爸指派了特殊任務。那就是一回家就要端一盆水給牠。我們當然每天都提供新鮮的水給國王，但是牠只會要求爸爸用不同的盆子端新的水給牠。我實在想不通。

因為這實在太莫名其妙了，於是我試著用了有一陣子在社群平台很流行的用叫聲辨別貓心情的APP。結果是「撒嬌」和「陪我玩～」。重點不在於水本身，而是對於爸爸拿水過來這件事感到開心嗎？不是在表示討厭水盆，真是太好了。

這個習慣，最初是因為阿什貝爾會常會向我爸撒嬌討東西，可是卻沒有東西可以給牠而開始的。因為牠能吃的東西有限，就算牠討要，也不能給牠新的東西吃。

我記得那天白天已經餵牠吃過啾嚕肉泥，當爸爸回家時，已經超過了一天的點心分量。於是爸爸沒辦法，只能給牠水，結果牠不知為何喝得很高興⋯⋯

順帶一提，我和媽媽給牠水牠都不喝。明明是同樣的水、同樣的容器，到底是為什麼？這是悠木家最大的謎團。

剛才我一直用討要這種描述人類舉動的詞語，也許有些人會心想，人與貓之間有辦法這樣溝通嗎？

這當然是依貓的性格而異，不過生活在一起久了，就會慢慢理解對方的想法。牠們也會利用表情、動作、叫聲來表達許多意思。

阿什貝爾是一隻挺愛說話的貓。牠不會「喵喵」叫，而是用悅耳低沉的嗓音「喔啊！」地叫。

牠會用腹式發聲。應該吧。不愧是我們的國王。

養了五年左右，牠一直都是比起動口，更常用態度示意的類型，不過最近開始會用叫聲表達訴求了。可能是因為發出叫聲，我們這些僕人比較有反應。牠會對我們說很多話。

牠有時會在我們耳邊大叫，似乎想把我們這些僕人嚇得半死，有時候又會發出可愛的叫聲。雖然不知道牠詳細在說什麼，但我們這些理解能力不算強的人類應該還是能夠聽懂，牠是想撒嬌？在生氣、好像想玩遊戲、在要求什麼東西！之類的。應該懂吧……？

因為阿什貝爾身體不好，所以從小我們就只會把牠放在家裡的客廳。牠現在依然沒有出過門，客廳是牠唯一的地盤。

不過，偶爾會有僕人忘記關門，讓牠誤闖走廊。前幾天好像是我忘記關門，讓牠差點回不來。牠在走廊發出大叫，呼叫正在自己房間錄製試音帶的我。我去接牠的時候，牠還是「喔啊啊啊啊！」地強烈表達著牠的不滿，於是我不斷道歉並把牠帶回客廳，更正，恭請牠凱旋歸來。剛才很冷吧？抱歉抱歉。

在寫文章的當下，阿什貝爾十一歲。據說這差不多等於人類的六十歲。年紀一下子就被超過了呢。

總覺得牠的動作也愈來愈像大叔……不，更有架式了。雖然看到牠成長茁壯很開心，但是無論如何都會想到離別時刻。

我打從心底希望，現在還非常健康的牠，能夠一直保持現狀前往天堂。牠小時候已經遇過很多辛苦的事，現在也有很多比其他貓不方便的事情，所以我希望牠的餘生只有幸福。

不過不過，我也聽說朋友老家的貓活了二十年左右，所以現在說不定才走到一半而已。

希望我家的孩子也可以在不勉強自己的狀態下，活得長長久久。健康到老，過得比每一隻貓都幸福。如果可以一直相親相愛地生活下去就好了。

結語

到這裡為止，我們聊了很多事情，這本書也接近尾聲了。

其實，這本散文集是我花了差不多一整年，一點一點慢慢寫成的。雖然身邊有不少出過散文集的聲優，但是我想都沒想過自己會出。

以前我曾為自己感興趣的領域或參演的作品寫過短篇散文，不過要出一本書，光靠一時的興致和情緒是不行的。

大家有辦法保持興趣讀到最後嗎？能夠從這本書中獲得符合其售價的價值嗎？內容會不會讓讀者感到不愉快呢？我思考著這些獨自埋頭苦思也得不到的答案，寫了又改，寫了又改。

每個月臨近交稿日的時候，就會莫名其妙地胃痛，我還曾感嘆地想，原來這就是傳說中的……我喜歡寫文章，也喜歡畫畫，但最近完全沒有讀書。然而在這種狀況下，我還是設法讀了幾本書，而這些書又都非常有意思。於是我開始感受到莫名的壓力。

順帶一提，我最近讀的書是住野夜*老師的《剖開肚子只會流出血》，以及達文西恐山*老師的《雷打在長頸鹿上會怎樣？稍微思考了一下的日子（暫譯）》（以品田遊名義）。

這兩本書的文字都躍然紙上，我很慶幸自己遇到了它們。

我第一次讀住野老師的作品，是在為《麥本三步喜歡什麼呢？》錄製有聲書時，從此之後就非常喜歡。後來也參演了朗讀劇《我想吃掉你的胰臟》。

更令人高興的是我們再續前緣，有幸請到老師來進行《合成獸企畫：零*》第一卷的紀念對談。見面之前，我想像了很多種情況，比如老師會不會是好幾個人、搞不好不是人之類的，不會這些事都沒有發生。

而達文西恐山老師，則是我疫情期間在YouTube上聽《匿名廣播

＊達文西恐山
撰稿人、作家。以品田遊的名義進行寫作活動，代表作有《未命名檔案（暫譯）》、《正確的人類滅亡計畫（暫譯）》等。

＊住野夜
作家。代表作有《青澀的傷痛與脆弱》、《麥本三步喜歡什麼呢？》等。悠木在2022年上演的朗讀劇《我想吃掉你的胰臟》中飾演女主角山內櫻良。

電台》時認識的，他在談話間天外飛來一筆的比喻都很中肯，大受感動的我因此成了粉絲。其實我在Twitter上也看過好幾次別人轉推他的文，他在Twitter上的推文切入點都相當犀利。不過在廣播電台和著作當中，又是一個跌跌撞撞、笨拙地過日子的人。要不是名字這麼特別，我搞不好都不會發現他們是同一個人。得知那個在社群平台上氣勢十足的人也是個有血有肉的人後，我鬆了一口氣。

讀他的散文集時，也會愈讀愈覺得這個人真的很有人性，但是偶爾又會出現讓人覺得這個人絕對不是人類的部分，真的很有趣，明明是素未謀面的陌生人，卻能運用優異的比喻把感受分享給大家，這一點是最有趣的。

如上所述，我最近的讀書體驗都非常成功，因此當自己成為寫書的一方時，就覺得難度很高。嗯……想得到這麼高的評價顯然是不太可能，不過就像我開頭說的，我最後的想法是，如果這本書可以成為某種

＊合成獸企畫：零
2022開始在《月刊Action》上連載的漫畫。原案為「YUKI×AOI合成獸企畫」，由悠木撰寫腳本，ひつじロボ負責作畫。

樣本就好了。

換個想法來看，就覺得其實挺有趣的。說起來，當初定下的自我分析這個主題，在不知不覺中就不見了呢！

我覺得自己只是一直在談論喜歡的事物……

不過這也給了我一個重新與自己對話的機會，所以這或許也是一種最純粹的自我分析。我感覺到自己的心裡裝滿了喜歡的東西、喜歡的人以及快樂的事情。

在寫這本散文集之前，我總覺得自己有過故意擺出一副孤傲姿態的時候，或是有一段時間對任何事都沒有熱忱，結果卻完全沒有。

但我想這一切都要歸功於那些在我成長過程中引導、培養我的人，他們讓我即使在長大成人後，依然能夠喜歡自己、喜歡他人，並盡可能保持著對許多事物的熱愛。

換句話說，這一切都是多虧了我在人生路上遇見的所有人。

大家心裡是不是在想：「妳該不會想用一些冠冕堂皇的話來做總結吧？」沒錯！因為炎上太可怕了嘛!!

當然，我也和普通人一樣受過傷，也遇過不少討厭的事物。前幾天手臂上突然出現奇妙的傷痕；明明有在節食，體重卻增加了；外帶了蛤蜊巧達濃湯，結果忘記拿湯匙，便直接豪邁地大口喝光；把巧克力豆餅乾放進微波爐加熱到爆炸；被紙張劃破手；好不容易在浴缸裡放滿水，結果爸媽先進去泡，還不小心把泡澡水放掉；明明裙子的內裏因為靜電的關係緊緊黏在腿上，讓我的腿很不舒服，我卻還得假裝沒這回事地走路。咦？感覺愈來愈像在聊討厭的事情大集合了……

粗略地稍微篩選了一些能寫出來的事情的表層，就變成這樣了。

畢竟人只要活著就會遇到各式各樣的事情嘛！即便如此，我還有餘力能大喊自己很幸福。這樣就足夠了！至少，我希望讀了這本書的大家能感受到，我因為大家的關係過得很幸福。

我不知道你是為了什麼而拿起這本書。

也許你是我的粉絲，感激不盡。

也許你是曾在某處和我共事過的人。

也許你很討厭我，所以想找出我的弱點。

也許你有朋友是我的粉絲，而你是為了跟上話題而讀。

也許你不認識我，只是剛好在書店的架上看到這本書，隨手拿起來讀。

直到這本書進入尾聲，我才開始覺得要把自己腦中所想的事情展示給各位讀者看，是一件很害羞的事。不過，我很高興你們來了解我。

雖然暴露自己、讓自己被人認識是需要勇氣的，但也許這其實是一件令人開心的事。因此大家才會用社群平台，大聲呼喊著「我在這裡喔～」。

你可以說這是在尋求認同，但也不完全是如此。

最近，尋求認同被說得好像是一件壞事。四個字排列在一起就像是必殺技似的，聽起來很強。

但是我認為，它本來肯定不是什麼壞東西，也不是可怕的東西。若是受到尋求認同的欲望困擾，生活會變得很艱難，但是正因為我對別人感興趣，才會希望別人也對我感興趣。

當然，我並不是想強迫別人看我，只是當一個人走在路上時不小心跟人對到眼，就對彼此點個頭，或是進廁所的時候看到衛生紙被摺成三角形之類的，像這樣感受到自己與陌生人之間的連結，才會覺得自己是被允許待在這裡，不是嗎？我覺得，尋求認同就像是這種感覺的延伸吧！

當新冠疫情爆發，街上的人都消失不見。曾經如此惱人的人群消失了，卻令人感到非常寂寞。當我不擅長應付的多人聚餐沒有了，我也覺得有點惋惜。

雖然我以前都說自己有社交障礙、很陰沉，但那大概是錯的。我有社交障礙又陰沉的原因，正是因為我很喜歡人。不想被討厭，想要別人更喜歡我。想更了解對方。理解彼此的不同之處就會覺得很高興，發現共通的部分就會更高興。

因此我才會活得如此小心謹慎，甚至有點慌亂。

我覺得想要了解別人卻又隱藏自己是很狡猾的一件事，所以我會把當下可以說的事情全盤托出，告訴對方，我是這樣的人喔，一點也不可怕喔，我和你一定可以成為好朋友的……像是在安撫野貓一樣慢慢地靠近。

我如此赤裸地揭露了自己，這麼一來，我就有權去了解讀過這本書的你了。嘿嘿，中計了吧！……開玩笑的。希望有一天，我可以深入認識你。我很崇拜能夠獨自生活的人，覺得他們很瀟灑，但我覺得自己肯定做不到。

可是，要與人一起生活，展露出來的部分又太多。即便想配合大家，改變自己的樣子，又會在某個地方判斷錯誤。人際關係總是不能盡如人意。因此，在了解這一點之後還願意包容我的人，對我來說比什麼都珍貴。本書就是我為了讓大家認識我而踏出的第一步。

而我也希望自己能夠包容一路讀到這裡、包容了我的你。啊，當然，如果有人認識我之後認為無法包容我，我希望你能在我不小心傷害到你之前趕快逃離。

因為無比寂寞卻熱愛人類的龍，會纏上身邊所有的人。

如果以後還有機會寫散文集，我會做出怎麼樣的自我分析呢？喜歡的東西會變多嗎？希望到時候的我，依然能夠喜歡自己、喜歡他人。

我未來究竟會成為什麼樣的人呢？會開始種田嗎……該不會結婚生子了吧?!我覺得自己不會辭掉聲優的工作。啊，不過移居國外的話會怎麼樣？會成為英語聲優嗎?!彩券中獎，買一棟房子，然後靠被動收入生活也超棒的!!

我以前還以為只有學生時期會對自己的未來感到好奇。結果反倒是年紀愈大，愈難預測未來，因此不安的感覺也愈來愈強烈。

不過，我內心還保留著興奮的感覺。有很多想做的事。想讓「合成獸企畫」動畫化。想在外縣市辦活動。想與朋友開車旅行。想親手製作布偶娃娃。想在《FFX IV》裡大大方方地參加零式副本。想換新電腦。想當VTuber。想變成怪力，同時畫四幅畫。想一直演戲下去。未來會遇到什麼樣的事物？遇到什麼樣的人？會有什麼樣的進化呢？我希望可以繼續過著這種心驚膽跳的日子。

寫完這本書，我整個人感到通體舒暢，為了以後能再次向大家揭露自己，也差不多該繼續去充實自我了。

今後我還是會透過畫面中的角色，拯救世界、毀滅世界、當間諜、談戀愛、在宇宙中旅行，或者與你相遇，而我的本質是獨一無二卻又與大家相同的人類。只是碰巧從事比較罕見的職業而已。

如果這樣一個人類的自我分析樣本，能夠博君一笑，能夠讓人產生一點點共鳴，能夠讓人感受到連結並因此安心，我將感到非常榮幸。

下次見～！

壽美菜子 × 早見沙織 × 悠木碧

三方會談

壽美菜子小姐與早見沙織小姐於二〇一六年開始播出，現在仍不定期播放的廣播節目《KOTOHAYU》中，與悠木碧共同擔任主持人。這三名於公於私都無話不談、一同闖蕩聲優業的同年好友，從約十五年前的初識到未來展望，自由地暢聊了一番。

初識於制服時期

壽　我第一次見到小碧，是在製作《地獄少女》這部作品的時候。我們當時都是高中二年級吧？那個時候，同年的聲優就只有小碧和早見，所以我很感動，想說終於見到其中一個人了！

壽美菜子

聲優。代表作有《K-ON !》琴吹紬、《TIGER & BUNNY》卡玲娜 · 萊爾／藍玫瑰、《DokiDoki ! 光之美少女》菱川六花／鑽石天使等等。

在現場我很想和小碧講話，所以就在她旁邊坐下，向她搭話了。我想那時候的事情，應該關係到了我和小碧現在的交情。

悠木 因為我當時是客串演出，所以非常緊張，而美菜卻冷靜到讓我懷疑「她真的跟我同年嗎？」不過她待人輕鬆隨和，也很有禮貌、很成熟。

壽 當時的我常常被身邊的人說很成熟。而小碧正好相反，經常被說很可愛，不過她入戲時就不只是可愛了，我還記得自己當時被她的存在感震撼到。

悠木 那時候我們飾演的角色是明明感情很好，卻因為某些原因關係出現裂痕的高中生。多虧了美菜親切地向我搭話，讓我更容易入戲，我當時覺得她是個非常善於掌握距離感的人。

後來我們還一起上了廣播節目，發現她不只成熟，還具備獨特的感受性。就像是同一個班級裡和自己完全不同類型的同學一樣，相處起來非常有趣。

早見 我也是在動畫的後期配音現場見到小碧的吧？對，是《浪漫追星社》。我也是在那裡第一次見到美菜。

我記得當時小碧穿著制服來到現場，我們聊著「很少遇到同年的人呢」，然後交換了聯絡方式。

悠木 我很早就聽說「等一下要和早見小姐一起去錄廣播」，所以想著要稍微跟妳說一點話，但是我當時內向得要命，最後非常唐突地開口說了一句「那個、要不要交換、電郵地址……！」

不過妳正常回應我，讓我覺得很高興。然後我就半強迫地邀妳一起吃飯，現在想起來，那個距離感真的好好笑。

早見 的確。（笑）

最令我印象深刻的事情大概是，小碧會幫自己的手機取名字吧。手機的登錄名稱不是「悠木碧」，對吧？那真的很可愛，我當時覺得妳應該是個奇特又有趣的人。

悠木 就像幫愛車取名字一樣。好羞恥。（笑）

沙織和美菜一樣，都像是同一個班級裡和我不同類型的同學。因為我們兩個在現場都很緊張的關係，我對沙織的第一印象是非常認真老實，不過從那時候開始，她看待工作的觀點就很有彈性，也很懂得用字遣詞。

在廣播節目上，我幾乎都是憑感覺隨便講，動不動就會說出可能成為雙面刃的強烈詞語，而沙織的聊天內容既有趣，又不會傷到任何人。說出口的每句話都柔和又有格調。

美菜和沙織讓我第一次見面就覺得欣賞的部分，都算是她們的核心性格，我想這一點至今都沒有改變。

早見沙織

聲優。代表作有《SPY × FAMILY 間諜家家酒》約兒．佛傑、《航海王》大和、《鬼滅之刃》胡蝶忍等等。

生日驚喜

早見 說到最近的事情，我們三個在小碧生日那天有約，對吧？

壽 也是來我家吃飯那天。

悠木 是在美菜家做手捲壽司那天！

早見 那天還玩了類似桌上曲棍球的遊戲。

悠木 魔力卡拉球（KLASK）。我超不會玩這個的。

壽 明明小碧自己也有，卻輸給第一次玩的沙織。（笑）

悠木 沙織總是給人很穩重的印象，我們也認為實際上就是如此，可是在玩魔力卡拉球的時候，她就變得像女高中生一樣興奮。

壽　呼哈!!雖然這麼說，但是超可愛的！

早見　我太興奮了……做手卷壽司、玩桌遊，我們做的事情根本就和學生一樣吧？

悠木　笑到肚子好痛。鬧得像大學生一樣瘋。而且那天我們都沒喝酒。

壽　沒喝！可是卻……

早見　真的很嗨。

悠木　約在美菜家，應該是我生日前一天的「KOTOHAYU」播出的前幾天？我們是為了構思節目企畫而約見面的。

早見　企畫會議最後變成曲棍球大會。（笑）

我還記得在那之後，我馬上用LINE和美菜討論要在直播時送小碧什麼禮物。還好當我們問小碧想要什麼的時候，她明確講出了想要的東西。那時候也是，3D什麼的……

悠木 3D列印筆，就是那種筆尖會流出類似熱熔膠的物質，可以打造出立體物品的東西。前陣子嘗試做過，非常困難！

壽 因為是驚喜，所以不能單刀直入地問「妳想要什麼生日禮物」，而是傳LINE問「妳有什麼想要的直播企畫獎品嗎」之類的。而她的回答就是3D列印筆。

早見 我們兩個非常拚命地調查。就像是爺爺奶奶遇到孫子吵著要某個自己完全不懂的東西時的心情。（笑）

悠木 我完全沒發現，當天真的嚇一跳，想說「不會吧?!」

壽 驚喜成功了呢。

悠木 感覺到妳們兩人對我的愛，很開心。

在全新舞台上的見聞

壽

聲優的工作是會愈做愈有趣的，同時，最近工作也緊張感也增加了。剛開始的時候，我有很多事情做不到，每次被別人說「妳年輕，還不懂」，我就會感到非常不甘心，所以我一直拚命努力學習技術並累積經驗。

進入既不算新人也還不算中堅的階段後，不會的事情變少了。於是現在演戲的時候，我的腦中都會浮現要如何每次都高分達成要求的想法。

可是演技是沒有分數的，有時候也需要順其自然的感覺。我覺得這種平衡感一年比一年更難掌握。這就是我現在面臨的課題吧？

悠木 我心中的煩悶感也是一樣的。美菜的這番話讓我發現了這一點。

壽 聲優雖然是個體戶，但作品是由團隊製作的，所以我會思考大家心裡真正的想法是什麼。也許也有人在現場表現得若無其事，私底下卻和我有一樣的感覺。

旁邊兩位都在點頭，看來不是只有我一個人這麼想，那我就放心了。

早見 美菜太會表達了！

說到變化，一般來說後期配音都是好幾個人一起錄音，但在疫情爆發後，就常常每個人個別錄音了。當環境改變後，我才發現有很多東西是從錄音時的對話中產生的。一個人的話，站在麥克風前的瞬間就會像對著牆壁擊球一樣，在腦中想著剛才美菜說的那些事情。很難在開始表演時消除那些念頭，如果在還沒想清楚的情況下錄音，事後就會覺得自己的表現不夠到位。

雖然後期配音正在慢慢恢復以前的形式，但我還是不知道，自己之所以會在麥克風前陷入沉思，究竟是因為剛好遇到新冠疫情，還是因為自己正處在既不是新人也不是中堅的階段。

不過我想，自己十幾歲的時候是沒有這些想法的。正因如此，我才深深體會到，無論是同世代聲優、前輩，還是傳說級人物，其實都是走過充滿險阻的道路才擁有如今地位的。

可以自己選擇未來的恐懼

悠木　聽了她們兩人說的話，我覺得自己終於知道那個一直盤踞在我心裡的莫名擔憂是什麼了。

年輕時能做的事情很少。在十八等之前能做的事情都是固定的，只能默默地練等升級。

隨著等級提升到二十、二十五、三十，自己能做的事情、能選擇的事情都變多了。不只是配音，舉例來說，還有接受雜誌採訪、上廣播節目，而我竟然還出了散文集！

要做什麼？不要做什麼？要做的話，要怎麼做？每一個取捨選擇都會影響之後的劇情發展。而做出了多少選擇，自己身上就要背負多少責任。我覺得可以自己選擇未來這件事很可怕。

演戲也是一樣，我現在面臨了因為會做的事情增加而帶來的煩惱。

剛才的演技是不是不夠到位？這是在自己想做的事和別人的要求之間達到完美平衡的結果嗎？雖然有時候會不知道該怎麼判斷，但是這份迷惘，或許也是自己的等級已經提升到可以達到完美平衡的證明。

我曾經以為長大後煩惱會變少，但是我想到了四十歲、五十歲，只會更煩惱。如果不在某處放下的話。

早見　剛才小碧說自己可以選擇的事變多了，不過在同世代之中，這兩人選擇的路線特別厲害呢！工作的部分不用說，美菜還去了國外，小碧傳寫散文集和「合成獸企畫」的原作，觸角不斷往外延伸。

壽 早見也是啊！

悠木 沙織現在不只在當歌手，還作詞作曲，深耕音樂領域。我覺得自己一定學不會作曲，真的很敬佩她。

早見 我們從十幾歲開始，就會像這樣和彼此聊聊自己正在做的事，還有以後想做的事。雖然並不是想著要拓展領域、增加選項什麼的，但以結論來看，我們一直都在為此作準備。

悠木 伸手去拿了絕對不可能拿到的花牌。帶著就試一次看看的心情。

早見 **可是，無法想像的卡片是絕對不會出現在妳面前的**。

壽 哈！太帥了！

悠木　把剛剛那句話用粗體標起來！

早見　我只是在說花牌。（笑）

悠木　不過我很開心妳們兩人能理解這個比喻。

雖然會有煩惱，但我很感激身邊有可以傾訴心事的朋友。

壽　聽到大家的煩惱，我覺得自己完全能理解，也讓我感到很安心。這是很珍貴的關係。

以好奇心為原動力

悠木 我在這本書中列舉了三個成為聲優後派上用場的自我特質，分別是可以每天從事不同的工作、保持自我肯定感、自我經營力，妳們呢？

早見 我覺得美菜挺有自我肯定感的。

壽 有嗎？我是個積極樂觀的人，但也很敏感，這之間的平衡……沒錯，平衡！先不論我自己有沒有，平衡是非常重要的。自我肯定感過高，什麼都不在乎是不行的；在意過頭，害怕到什麼都做不了……這樣也不好。看到在兩者間取得良好平衡的人，我就會覺得自己也想變成那樣。

悠木 妳已經做到了吧？美菜超平衡的。

壽 真的嗎？是的話就太好了！除此之外，另一件我很重視的事情，就是感興趣。

延伸觸角的方式會根據你涉獵哪個領域的知識、怎麼把它們運用在工作中而改變。請先試著對他人抱持興趣，對說話對象談論的話題抱持興趣吧。這樣與人聊天就會變得更愉快！

悠木 的確，雖然看過美菜的很多種技能，但是最強的還是這個。興趣、好奇心。美菜是以好奇心為原動力來醞釀出勇氣的人。真令人羨慕！

早見 對啊。美菜有一種能用有趣的觀點看待任何事物的能力。

不過，我覺得小碧也很有好奇心啊？

悠木 有到這種程度嗎？美菜Google Map上的想去的地點清單有超過一千個耶?!我只有四個。（笑）

早見 我又是怎麼樣呢。第一點，應該是只要睡覺就能減輕壓力吧。雖然沮喪的時候會非常沮喪，但是半年後通常就忘得差不多了。

悠木 這很重要。自我治癒力很強耶！

早見 我當然還會記得造成打擊的事件。不過受到的傷害、如鯁在喉的感覺，好像可以藉由睡覺或其他事情平復。

還有老實，這個特質另外兩人也有。我覺得老實是我讓內心保有彈性的原動力。美菜的好奇心也是如此，先老實地收下別人給予的東西，再得出自己的答案，是一件很棒的事。

有些人會說自己「性格扭曲」，而我覺得能說出這句話也是一種老實。很多從事戲劇表演工作的人，內心都有著很純粹的部分吧？我自己也不是徹頭徹尾地老實，只是從職業上來看似乎具有這樣的傾向。

悠木 人格無論如何都會影響到演技。我也會在某處展露出因為老實而無法隱藏的特質吧。

早見 因為聲優的工作需要根據指示改變演技，所以必須具備能夠接受他人意見的彈性。

悠木 雖然身為一個社會人士，我也多少具備一點彈性，但沙織的彈性應該可以排進所有社會人士的前十名。

早見 所有社會人士，妳是指全世界嗎？那已經不只是有彈性了，根本已經變成液體了吧？

悠木 妳可以排進世界前十名的！沙織的厲害之處就在於，不會一直都是液體，有時候還會凍結成堅固的冰。在最關鍵的時候不會動搖。要比喻的話，就像液體金屬。

早見 液體金屬！第一次被人這樣形容。這是在誇獎我嗎？

悠木 當然是在誇獎妳！

《ＦＦＸ》（*Final Fantasy X*）裡面有一個叫做「幻光盤」的角色成長系統，角色的培育方式會根據你學習技能的路線而改變，我們三個就像各自走在幻光盤的不同路線上。沙織點了彈性的技能，美菜選了那樣的路線！很有趣吧。大家都不一樣，可是大家都生存了下來……

給想成為聲優的你

壽

既然要對現在想成為聲優的人說一些話……我在三十歲左右的時候，去國外留學了一年半。雖然在那邊也有接到工作，但是在不知道會不會失去一路累積過來的資歷的狀態下，踏上一條新的道路，會感到不安與恐懼。

當別人問我留學得到了什麼收穫，我也沒辦法給出明確的答案。不過，我內心還存在慶幸有自己去做的實感。

無論是年輕人，還是比我年長的人，只要你內心有一點點想成為聲優的念頭，我都會建議你先去挑戰。不管結果如何，親身體驗過這一切是很重要的，不是嗎？

早見　就我個人來說，我覺得與朋友徹夜聊天、出去玩、傷心的時候一個人大哭、三個人玩魔力卡拉球玩到大爆笑（笑），這些在非工作領域獲得的感覺和經驗最後都會活用到工作上。學生時期的經驗就很顯著。

工作當然要全力以赴，不過全力以赴地體會私生活的每一個瞬間，不是也很好嗎？

悠木　這番話完全展現出，分別點滿好奇心技能和點滿彈性技能的兩人的個性……

直言不諱地說，聲優是一個任何人都能做的職業。我想正是因為如此，立志成為聲優的人非常多，競爭非常激烈。

不想輸的話，就只能找出自己的強項，並將其訓練到最高分。喜歡的聲優和自己的長處或發展的技能也許有所不同。有可能沒辦法變得和崇拜的人一樣。即使如此還是想當聲優的話，只能不斷與自己對話。

我想那個結果肯定就是剛才兩人的回答。我從她們兩人身上感受到的優秀部分，被她們兩人自己用言語表達了出來，我很高興有機會從她們口中聽到這些。

壽　妳這樣說，我們也會高興到起雞皮疙瘩。

悠木　雖然也會遇到難過的事，但實現夢想後會遇到很多開心的事。我很期待有一天在麥克風前與你相遇。

就算變成老奶奶

壽　我想到一件希望以後大家可以一起做的事。希望我們三個有一天可以共同主演一部動畫。

悠木・早見　哇～！我也想!!

壽　為了在未來五年、十年實現這件事，一起加油吧。我們依然是充滿夢想的喔！

早見　我想要在國外舉辦「KOTOHAYU」的活動。

悠木・壽　我也想、我也想～！

早見 之前雖然做了直播，但是最近都沒有辦實體活動。

悠木 如果是廣播CD的話應該可以吧？

早見 這部分就麻煩小碧策劃了。

壽 妳幫我們好好規劃吧。

悠木 嗯～籌措資金！除了想做的事情之外，也要想想達成目標的手段呢。請等我一下！要三個人一起主演動畫！還要製作廣播CD，去國外辦活動。靠別人的錢出國！

那就請兩位再繼續陪伴我一陣子囉。

壽 當然。

早見 永遠。

悠木 永遠。（笑）希望我們變成老奶奶後還可以一起做很多事。

壽 好主意，想坐在簷廊錄「KOTOHAYU」。

早見 每次都配著日本茶，採用和式風格進行。

悠木　聊天主題會是什麼呢？聊關節痛的話題嗎？

壽　對啊，聊最近身體不太舒服……之類的。（笑）

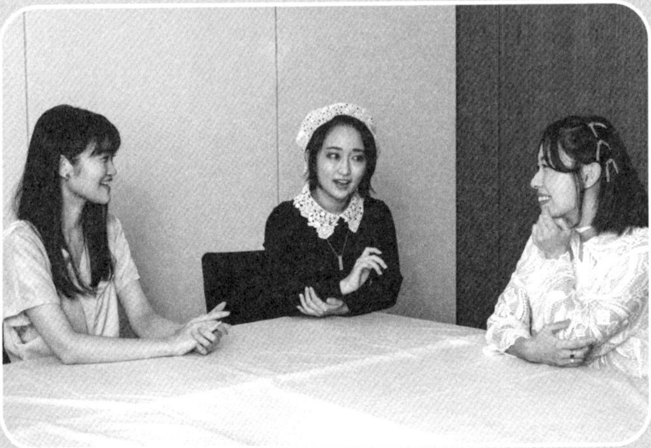

二〇二三年六月　於中央公論新社收錄三方會談

攝　影　中央公論新社攝影部

髮　型　中畑薫（壽美菜子）

樋笠加奈子（早見沙織）

福田ＭＡＩ（悠木碧）

本書為作者撰寫。

書封插畫　きばどりリュー
書本設計　山影麻奈

漫角落 Comic Corner 03

悠木碧的製作方法

作　　者　悠木碧
譯　　者　王綺
內文排版　紫光書屋
總 編 輯　林獻瑞
責任編輯　周佳薇
行銷企畫　呂玠忞

出 版 者　好人出版 / 遠足文化事業股份有限公司
新北市新店區民權路 108 之 2 號 9 樓
電話 02-2218-1417　傳真 02-8667-1065
發　　行　遠足文化事業股份有限公司（讀書共和國出版集團）
新北市新店區民權路 108 之 2 號 9 樓
電話 02-2218-1417　傳真 02-8667-1065
電子信箱 service@bookrep.com.tw
網址 http://www.bookrep.com.tw
郵撥帳號 19504465 遠足文化事業股份有限公司
讀書共和國客服信箱 service@bookrep.com.tw
讀書共和國網路書店 www.bookrep.com.tw
團體訂購請洽業務部 (02) 2218-1417 分機 1124
郵政劃撥　19504465　遠足文化事業股份有限公司
法律顧問　華洋法律事務所　蘇文生律師
印　　製　博創印藝文化事業有限公司　電話 02-8221-5966

出版日期　2025 年 7 月 9 日　　定價　新台幣 400 元
I S B N　978-6267591505 / 9786267591482（EPUB）/ 9786267591499（PDF）